【真説】
日本誕生
I

True Theory
The Birth of Japan
“HIMIKO”

卑弥呼は金髪で青い目の女王だった!

加治木義博
歴史言語学者

KKロングセラーズ

【真説】日本誕生Ⅰ

卑弥呼は金髪で青い目の女王だった！

まえがき――もうヒミコにナゾはない！

あなたは本当にヒミコを知っているだろうか？

彼女は、日本の建国時代に、海外で最初に認識された女王だった。日本について語るばあい、まずまっ先に語らねばならない人物だ。日本は今や先進国中の先進国だ。あなたが海外の知人たちに尋ねられても困らないていどの『知識第一号』でなければならない。なぜなら、世界の国々で、たとえ発展途上国でも、自分の国の歴史がよく分からないという国は余りない。国民は自国の歴史を誇りに思っていて、ほんとうによく知っている。

しかし、日本の古代史学は学問としては余りにお粗末だった。『学問』とは「だれがやっても同じ答が出るシステム」のことだ。まぐれ当たりの「説」は何の役にも立たない。だから私はそのシステムと、ヒミコ問題のカギをにぎる「証拠」を数百、この本のために用意した。実際は言語まで数えると数十万の証拠をそろえた。これで邪馬台国問題の主語＝卑弥呼は、「日本側からみるとだれ」だったかすっきりして、あとに疑問は残らない。

これだけ読んでいただけば、外国の人に日本の建国についてきかれても困ることはない。なぜならヒミコのことが分かれば、邪馬台国が「どこにあった」かも完全に分かるし、どんな

「事件」があったのかも『日本書紀』や『古事記』にくわしく載っているからである。

そればかりか「彼女はギリシャ系の女王だった！」という思いがけない意外な「事実」も明らかになっている。まあビックリ箱を楽しむように読んでみていただきたい。

いまの私には、世界中の学者が「絶対にわかることのないナゾ」と思いこんでいたような、彼女の「生い立ち」から、若い日の恋愛、美人だったか、どんな超能力で女王にまでなったか、というような細かいことまで、数えきれないほどの「真相」を、想像などは交えずに、動かない完全な証拠をそろえて、お話することができるのである。

「邪馬台国の問題」どころか、もっと時代がくだる聖徳太子や大化の改新も、さかのぼれば、縄文時代以前の日本人の先祖たちの大移動も、今ではハッキリ眼にみえるように分かっている。

それが本当か、どうか。この本に書いてある『答』の代表的なものを少し挙げてみよう。

「卑弥呼」は何語か。彼女はドコで生まれたか。両親はダレで、どんな家庭だったか。美人だったか。夫はモンゴリアンかユーロピアンか。夫の任務はどんなものだったか。なのになぜ『魏志倭人伝』には「夫はいない」と書いてあるのか。

女王の仕事はどんなものだったか。「鬼道」とは魔法か。彼女はなぜ「鏡」が必要だったか。

女帝はどんなファッションだったか。そんな地中海文明はどんなコースを通って日本へきたか。

彼女が治めたのはヤマタイかヤマダイかヤマイチか。それはどこにあったか。倭人連邦はどこにあったか。彼女はどこで死んだか。彼女の墓は古墳か。彼女は今、どこに祭られているか。彼女は天皇家と関係があるか。天照大神とは何を意味する名だったか……。

これくらいにしておこう。この十倍ものナゾに「なぜ、そうなのか」はっきりした「詳しい理由と証拠」のそろった『答』が書いてある。この本の中に全部つまっているのである。これで間違いだらけだった日本の建国史はすっきりした……。さあ、お読みください。

もくじ

第二章　卑弥呼の両親はイザナキ・イザナミだった

第四章　「帯方郡から女王国まで一万二千余里」の正しい計算法　107

第五章 ヒミコが仕えた「鬼道」はインドからきた？ 141

第六章　アーリア系ヒミコとアショカ仏教布教団　175

第七章　ヒミコはなぜ女王に選ばれたか

第八章　黄金の女王ヒミコの黄金の国建国物語　221

第一章

卑弥呼と神功皇后をつなぐ謎のことば

角がある人　アレクサンドロス・コイン（BCE 4 世紀）
（ツルカルニン＝本角のある人＝アレクサンドロス大王のアダ名の一つ）
ヒミコにも重大な関係があることが発見されたコイン。

卑弥呼の正しい読み方は？

卑弥呼という名は『魏志倭人伝《ぎしわじんでん》』の中に五回でてくる。だからこの文字がまちがいということはない。「弥」の字はほんとうは「彌」だが、この本では略字のほうを使う。ふつう、この名は「ヒミコ」と読む習慣になっているが、それでいいのだろうか？

もし違っていると、それと一致する名があったとしても何にもならないから、めんどうがらずによく確かめることから始めよう。

漢字は古代と今とでは発音がちがっている。それは今の中国語をきくとすぐ分かる。日本に入ってきたときの発音と今の発音とではずいぶんちがう。私たちが「漢音」といっているのは古代の発音なのである。

また、昔入ってきた発音でも、お寺の坊さんが使う発音もずいぶんちがう。普通なら「キンコウ」と読む「勤行」を「ゴンギョウ」と読むし、経済の「経＝ケイ」を「キョウ」と読む。ところが同じお寺でも禅寺では「キン」と読む。これは禅宗が十二世紀に入ってきたときの中国の政権「宋《そう》」の発音が中心になっているので「宋音」と呼ばれるもので、ふつうの寺のほうは「呉音」。私たちが主につかっているのを「漢音」と呼ぶが、実は、それは「唐」の時代の発音で、本当の「漢」から「魏＝ギ」の時代の発音は、もっとちがったものだった。

だから「魏」の時代に書かれた「卑弥呼」という字は、本当の「漢・魏音」で発音しないと正しい読み方はできないということになる。

このことは昔の人も気がついていて、ふつう「ヤ」と発音する「弥・彌」の字を「ミ・メ」と発音して「ヒミコ」または「ヒメコ」と読んできた。それは聖徳太子関係の古文書などに、名前として書かれたこの文字が「ミ」または「メ」と読むしかないという手掛りがあったからである。しかし手掛りのない「卑と呼」は、しかたなく「ヒ」「コ」と読んで「ヒミコだ」いや「ヒメコが正しい」と論争がはじまり、そのまま今まで続いているのである。

この論争に一応の学問的解決を与えたのは、私の『邪馬臺《ダイ》国の言葉』（一九六七年＝コスモ出版刊）が世界で最初だった。それはスエーデンの中国学者カールグレンの中国語時代別比較の業績を日本で初めて紹介したもので、それによって『魏志倭人伝』中の名詞《めいし》の本当の発音が、千七百年ぶりにやっとよみがえったのである。

アイヌ語にあてはめて読むとピッタリ！

それによると「卑弥呼」という字はカナ書きでは「ピェ・ミャル・ゴ」になる。これは今の日本語の名前からはちょっと考えられない名前である。では彼女は日本人ではなかったのか？　ここで新しい興味がわいてくる。では何人だったのだろう？　そのころ日本列島にいた人々としてすぐ頭にうかぶアイヌ人たちの言葉ではこれは何と読めるのだろう？

アイヌ語では「ピ・ミク」。ピ＝解く。ミク＝告げる、吠える。これは、神託《しんたく》（神のお告げ）を解いて人々に告げた彼女には実にぴったりの名だ！　ウン！　やっぱり！　アイヌ語……。

マレー語でも読める！

しかし学問に早合点《はやがてん》は、絶対許されない。次に当時まちがいなく日本にいたもう一つの人々であるインドネシア系の人の言葉ではどうなるか、みてみよう。

マレー語では「ペーメール」＝政府。「ペーメーロク」＝抱擁《ほうよう》する者、保護者。なんと！　これもまた、いかにも女王卑弥呼にふさわしい名前ではないか！

しかしここでは、彼女の国籍（こくせき）が問題なのではない。ページ数にかぎりのあるこの本では幾らおもしろくても脱線してはいられない。国籍はあとまわしにして、当時の日本語について考えるほうが先である。といっても当時の日本について書いた記録は、この『魏志倭人伝』以外にはないのだから、逆に当時の中国人が「卑弥呼」と「当て字」したのは、日本流に発音すればどんな言葉だったのか、と考えるしかない。多分、彼女の時代も含まれていると考えられる日本の記録である『古事記』『日本書紀』などの古代文献から、名前につかわれている「ピェ」「ミャル」「ゴ」に相当する文字を選びだしてならべてみよう。

日本語は、この「ピェ」と発音されていた「卑」を「ヒ」と発音し、「ミャル」の「彌」を「ヤ・ミ」という発音に変えている。だからもちろん、この『魏志倭人伝』の当て字以外は、こんなふうにピェとか、ミャルといった発音のものはない。なぜなら『日本書紀』が編集された時の中国は唐代で、その時の発音が日本に入ってきて、今まで使われているからである。だからたとえこの「ピェ・ミャル・ゴ」が本名だったとしても、記録のほうでは日本語化しているはずである。それに注意して拾いだしてみると次のような文字が考えられる。

ピェ　稗《ヒエ》、冷、氷、比、日、火、（稗《ヒエ》によく似た文字＝穂《ホ》、これは日・火のホ音に合う）

ミャル・ミエ　宮、見、造＝ミヤツコ、三重《ミエ》、耳、御《ミ》、美、目、芽、女、売、馬

ゴ　御、五、後、呉、語、午、牛、児、子、胡、期、許

「ヒミ」の発音は三母音の沖縄語の影響

また「ピエ」と「ミャル」に当てた字の、二字が一字になったものには、比売（ヒメ）から

変わった姫、媛《ヒメ》の字がある。ピェが「ヒ」に変わるのは、五母音《ぼいん》でできている今の日本の本土語と性質のちがう三母音の沖縄語の影響なのである。沖縄語の母音には「e＝エ」と「o＝オ」がないので「エはイ」に、「オはウ」に変わってしまう。またハ行の発音も本土語とちがって「ファ、フィ、フ、フェ、フォ」となまる。はっきりした「h」でなく「f」の音で発音するのである。だから「ピェ」は「ヒ」でなく「フィ」になってしまう。

しかし「ミャル」は今「宮良＝ミヤラ」さんという姓があるので、そんなに変わらないことが分かる。「ミエ」と「メ」には変わらない。この二つなら、どちらも「ミ」になってしまう。だから私たちが「ヒミコ」と発音しているのは、この沖縄語の影響なのである。そうでなければ、多分「ヘミャコ」か「ヘマコ」と発音しているだろう。

昔は沖縄にもいたアイヌの人たち

しかし「コ」は沖縄語ではないから「ク」になる。今の発音なら「フィミク」である。ここで考えてほしいのは三世紀の沖縄住民が、この「フィ」を「ピ」と発音していたら「ピミク」になる。これは先に見たアイヌ語とまったく同じなのである。これは言葉だけが同じというのではない。沖縄には今もアイヌ系の人たちと体格、顔かたちが非常によく似た人が多い。

また昔、沖縄が流求《りゅうきゅう》と書かれていたころ、沖縄は「大リュウキュウ」と呼ばれ、その支配下にあって「小リュウキュウ」と呼ばれていた大きな島がある。台湾である。そこには昔のアイヌ系の婦人が、自分たち一族の誇るべき習慣として、口の回りに入れていた大きな「入れ墨」と完全に同じ入れ墨をしているアミと呼ばれる人々が今もいる。

私は戦後、台湾を二十回以上も訪問して、そうした人達を調査した。その結果分かったことは、アイヌ系の人たちとアミ系の人たちは、そのほかにも口でくわえて演奏する口琴（ムックリ）など、多くの同じ文化をもっていることが分かった。（拙著『日本人のルーツ』保育社カラーブックス一九八三年参照）。

卑弥呼の名前に「まさか沖縄語の影響が？」と思うかたもあると思うが、日本の方言を綿密に調べてみると、南九州から北海道まで、やはり三母音の発音がたくさんみつかる。また首相の姓でもあった「ナカ曽根」姓も昔から、沖縄と本州に分かれて分布している。けっしていい加減な話ではないのである。

そして忘れてならないのは「三母音語」というのは、マレー語の特徴だということである。沖縄民謡がインドネシアのメロディに非常によく似ていることは、昔からよく知られているが、曲だけでなく歌詞の発音もまたよく似ている。古代にマレー語を話す人たちが沖縄に住んでいて、その言葉が今まで残っていることは、どこからみてもまちがいない。

とくに沖縄語の影響が濃い大隅《おおすみ》

鹿児島に住んでみると分かるが、沖縄語の影響が日本の中でもとくに強い。それは隣りあった両県の地理から考えても当然のことだ。しかし本来の鹿児島語を見分けるのもごくやさしい。それは「イ・ウ」を沖縄語と反対に、わざわざ「エ・オ」と発音するからである。大根を「デコン」。「多い」を「ウエ」とe音を使う。また同じ言葉でも薩摩半島は鹿児島型。大隅半島は沖縄型の影響が強い。（上が薩摩半島の鹿児島型。下が大隅半島の沖縄型）

白い	シレ	シリ
黒い	クレ	クリ
強い	ツエ	ッイ
遅い	オセ	オシ
遠い	トエ	トイ
加勢	カセ	カシ
樋《とゆ》	テ	チ
礼	デ	ヂ
急いだ	イセダ	イシダ
一昨日	オトテ	ウトチ
くどい	クデ	クヂ
うとい	ウテ	ウチ
きれい	キレ	キリ
危ない	アッネ	アッナカ
潜水	ズベヲクッ	スン
あそこへ	アスケ	アスキ
妻	オカタ	ウッカタ
思う	オモ	ウムウ
腐る	ケッサル	クッサユ
酔	エ	ユ
月夜	ツッノヨ	チッヌユ
返事	ヘシ	ヒシ
干し物	ホイモン	フィタムン
広い	ヒレ	ヒリ

（加治木義博著『鹿児島方言小辞典』南日本新聞社刊・一九七七年から引用）

鹿児島には今でもこれだけ鹿児島・沖縄双方の言葉が同居している。だから鹿児島でなら、卑弥呼という名は「ピミク」から「フィミク」になり、さらに後世に「ヒミコ」「ヒメコ」と変わった可能性がある。

卑弥呼が実在したのは三世紀。『日本書紀』と『古事記』が編集されたのは八世紀。五世紀もたっているから、そのあいだに、次第に今の日本語に近くなっていったことを考えなければならない。古代の記録は、紙でなく木や竹を削った「木簡竹簡《もっかんちっかん》」に書かれていた。それでも五百年ものあいだには虫やカビに痛められて、書き換えたり、書き写したりして保存されたのである。だから年月がたつにつれて、なんと読むのか、なんと発音するのか、何のことか、まるで分からないものが次第に増えていった。

『日本書紀』の中の「欽明《きんめい》天皇紀」には「古代の記録には、読めない文字がたくさんあって、兄弟の順番さえ、どれが正しいか分からない。この『日本書紀』には、とりあえずいい加減に書いておくから、後世の人はよく研究して訂正してほしい」という「割り注＝但書《ただしがき》・マニュアル」がわざわざ書きくわえてあるほどなのだ。

次は「ヒミコ・ヒメコ」と読める人物が出てくるか。『古事記』と『日本書紀』（以後『記・紀』と略記）や『風土記』などの古典を「捜査」して、いよいよ「彼女の正体」に迫ってみよう。

ヒミコは神功皇后と同時代か？

本居宣長《もとおりのりなが》は著書の中で「卑弥呼とは姫児のことで『古事記』（本当は『日本書紀』の一書）の神代《かみよ》の部分にある［火戸幡《ハタ》姫児千《チ》々姫命］［萬幡姫児玉依《タマヨリ》姫命］などの名の中にある姫児と同じだとしているが、かんじんの卑弥呼がだれかについては、「南九州地方で勢力のあった熊《クマ》襲《ソ》などの類《たぐい》の女酋長で、当時有名な神功皇后のことを聞き伝えて、その使いだとウソをいって魏に使者を派遣したものだと思う」といっている。だから本居宣長説は「卑弥呼は熊襲のカシラだ」というものなのである。

ここで重要なのは、彼は卑弥呼を「神功皇后と同時代」の人間だとしている点である。彼はなにを根拠に「卑弥呼と神功皇后は同時代だ」と決めたのであろうか？

このナゾの答は『日本書紀』の神功皇后のことを書いた部分（史学では略して「神功皇后紀」という。他の天皇たちも同じように略称する）に、本文ではないが例の割注（但し書き）として小さな字で、次のように書きこみがしてあるからである。

三九年。魏志云、明帝景初三年六月、倭女王、遣大夫難斗米等詣郡……（以下略）

四十年。魏志云、正始元年、遣建忠校尉　梯儁（テイシユン）等………（以下略）

これは『魏志倭人伝』を写したもので、だれがみてもその年の記録のようにみえる。

なのに、「この部分は後世の人のメモ的な書きこみだ」という説もあるが、最初から書いてあったとすれば、『日本書紀』の編集者が知っていた知識か編集前の古記録に書きこんであったものだから、理由もなく「後世の人の書きこみだ」ということは、せっかくの記録をドブに捨てるような行為で許せない。どちらが正しいかは、もう少し読んでいただければ分かるはずだ。

肥前風土記に書かれた女神ヒメコソが卑弥呼か？

『記・紀』には、これ以外に「ヒミコ・ヒメコ」に一致する名は見つからないから、『記・紀』と同じころに編集された『風土記』を見てみると、『肥前《ひぜん》国風土記』の松浦《まつら》郡のくだりに、「ひれふる（褶振）の峰」というのがあり、「弟日姫子」という名がでてくる。

この人物は、有名な「松浦佐用媛（マツラ・サヨヒメ）」と同じ場所、同じ話なので、相手の「大伴狭手彦（オオトモ・サデピコ）」は、ずっと後世の宣化《せんか》天皇の時の武将だということになっている人物だ。だとすれば、これも卑弥呼とは関係ない。

だが同じ『肥前国風土記』の基肄郡（キのコホリ）の部分に「姫社（ヒメコソ）郷」というのがでてくる。これもソは余分だが「ヒメコ」がそろっている。調べてみよう。

この部分にある話は、この名が女神のものであるということ以外、余り参考にならないので省略して、その女神とはいったいどんな神なのか調べてみよう。

それは『日本書紀』の「垂仁《すいにん》天皇紀」にでてくる。こんな物語だ。

垂仁天皇紀の不思議な『比売語曽《ヒメゴソ》物語』

ツヌガアラシト（都怒我阿羅斯等）という人が、黄色い牛に農機具類をのせて田んぼへ行く途中、ちょっとしたすきに牛が消えてしまった。そこでさがしわまったところ、ある村で一人の老人が牛のことを教えてくれた。

「あんたがさがしている牛はここへきましたじゃ……。村長らは『背中に刃物をのせてるところをみると、殺して食べるつもりだから、もし返してくれという者がきたら、なにかで弁償すれば済む』といって、食べてしまいましたワイ。だからあんたはお金や物より『この村の神様をくれ』といいなされ……」という。

アラシトがそのとおりいうと、村長らは白い石をくれた。それをもって帰って部屋のなかにおいておいたら、美しい少女になった。アラシトは大変よろこんだが、ちょっとよそへ行っているまに、いなくなってしまった。びっくりして奥さんにきくと「東のほうへ行きましたよ」

という。そこで、あとを追って、とうとう海を渡って日本（ヤマト）にまできてしまった。少女のほうは難波（ナニワ）に着いて比売語曽の社《やしろ》の神様になり、また移動して豊国のクニサキ（国前）郡の比売語曽の社の神様になった、という話だ。

まるでタアイもないおとぎ話だが、こんなものが日本の正史である『日本書紀』の、天皇の歴史のなかに、大きなスペースをさいて掲載されているのである。これはきっとナゾ解きのキーになるぞと思って、戦後すぐ、大阪市東成区にある比売碁曽神社へ行ってみたが、それは日本中どこにでもあるような氏神様でしかなかった。

日本にやってきた「角《つの》のある王子」の物語

なぜ、そんなおとぎ話が『日本書紀』にのっているのか……。このナゾの答は、その話の前の部分にある。そこにはツヌガアラシトについて、さらに詳しい情報が書いてあるからだ。

「崇神天皇の時代。額《ひたい》に角のある人が船でコシ（越）国のケヒ（笥飯）の浦にやってきた。土地の人があんたはだれか、と尋ねると、「私はオホカラ（意富加羅）国の王子でツヌガアラシト、別名をウシキアリシチ・カヌキ（子斯岐阿利叱智干岐）という者です。日本には聖天子がおいでになると聞いてやってきました。

アナト（穴門）に着いたとき、イヅツピコ（伊都都比古）と名乗る人が、「わしがこの国の王だ。わし以外に王はいない。ほかへ行くことはない」といいましたが、彼のようすは、どうみても王様らしくないので、そこを出てあちらこちらたずね回って、出雲を経由してやっとここへやってきたのです」と答えた。

ところがその時は、もう崇神《すじん》天皇の治世ではなかったので、垂仁《すいにん》天皇につかえて三年たった。そして国に帰りたいというので天皇は、「君が道を迷わなければ崇神天皇にも会えたのに残念だったと思う。だから今後は君の国の名をミマキ（御間城＝崇神）天皇の名にちなんで変えてはどうか」といった。だからその国をミマナ（彌摩那）というのだ。また天皇は赤い絹をプレゼントした。ところがシラギ（新羅）人が攻めてきて、その絹を全部とってしまった。これが二つの国が憎みあうようになった始まりだ、という話である。

またまた別名、ソナカシチ

この王子は「別名をもっている」と話したが、もう一つ前にも、もう一つの別の名が出てくる。ミマナ（任那）の人、ソナカシチ（蘇那曷叱智）が「国に帰らせてください」と願いでた。これは前の天皇の時にきて、まだ帰らずにいたのか。そこで天皇は赤い絹百巻をミマナ王へ土産にもたせて帰した。ところがシラギ（新羅）人が途中で、その絹をとってしまった。二つの国が仲が悪くなった原因はこれだ、と書いてある。

これは「名前」と「前の天皇のときに来た」というのとがちがっているが、そのほかは全くいっしょで、同じ人物の同じ話だと分かる。では「崇神天皇には会えなかった」というのと、「前の天皇のときに来た」というのと、一体どちらが正しいのだろう。その答は「崇神天皇紀」の六十五年のところに書いてある。

「六十五年の秋七月、ミマナ（任那）の国のソナカシチが使者として貢ぎ物をもってきた。ミマナとはチクシ（筑紫）国の北、海をへだてたシラギ（鶏林）の西南にある国だ」

崇神天皇は、それから三年あとの六十八年に死んだことになっているから、「前の天皇のときに来た」というほうが正しいことになる。

これで分かることは、日本の「正史」だからといって、「『日本書紀』は絶対に正しい真実だけが書いてあるとはいえない」ということである。同じ話だと分かるものでさえ、こんなにたくさんな食いちがいがある。だから今のこの話だって、まだまだ真相は分からないと思っていい。しかし、それは『日本書紀』を編集した人たちが悪いのではない。彼等は真剣に多くの史料を集めて書き残してくれたのであり、その元の史料の記録がちがっていただけである。それを勝手に訂正せずにそのまま残したのは、立派な歴史家だと誉めねばならない。

恋人を追って日本へきた『ヒホコ王子物語』

さてソナカシチは別名を幾つももっていて、どれが本名だかさっぱり分からない人物だが、『古事記』をみると、まだもう一つ別名をもっていたことが分かる。その名は、アメノヒホコ（天の日矛）だ。「応神《おうじん》天皇記」の中にあるその物語はこうだ。

「昔、シラギ国主の子に天の日矛というのがいた。彼は日本にやってきたが、なぜやってきたかというと、そのわけはこうだ。

シラギにアグヌマ（阿具沼）という沼があって、ある娘が昼寝をしていた。ある男がそれを見ると、日の光がまるで虹のような七色に輝いてその体にさしている。男はそれを不思議に思って気をつけていると、その娘はそのときから妊娠し「赤い玉」を産んだ。

そこでその男はその玉を譲ってもらって、布に包んでいつも腰につけていた。彼の田は谷間にあったので、田で働いている人たちの弁当を牛に積んで谷に入ったところ、そこで天の日矛王子に出会った。ところが王子は、

「お前は食料を牛に積んで山の中へ何しにいくんだ。みんなでこの牛を殺して、ないしょで食おうというのだろう」といって、その男を捕えて監獄に入れようとした。男は、

「いいえ、牛を食べようというのではありません。田んぼの連中に昼飯を運ぶところです」とうったえたが、許してもらえそうにもないので、大切にしていた例の「赤い玉」を差し出して、「これを上げますから、どうかゴカンベンを……」と泣きついた。王子はそれで許して、赤玉をもって帰って部屋におくと、なんとその玉が美しい娘になった。

そこで結婚式をして妻にしたが、料理がじょうずで、いつも気をつけて夫を大切にあつかったので、王子はだんだんうぬぼれがでて、妻にいばりちらし、大声でどなりつけたりするようになった。ところが、その妻は「私はもともと、あんたなんかの妻になる女ではない。私は私の先祖の国へ行く」といって家出してしまった。そして、ひそかに船にのって日本に逃げてきて、難波に住んだ。（これが難波の比売語曽社にいらっしゃるアカルヒメ（阿加流比売）の神だ）

天の日矛王子はそれを追って日本に渡ってきて難波に行こうとしたが、その港の長官が邪魔《じゃま》して入国させてくれない。そこでしかたなく帰るとみせて、大回りして多遅摩（タジマ）国へいったが、そのままタジマにいて多遅摩の俣尾（マタオ）の娘、前津見（サキツミ）と結婚して子供が生まれた。その子は……」と、次々に子孫代々の系図が書かれている。

これでお分かりのように、天の日矛も、やはりツヌガアラシトの別名の一つだったのである。話の内容は、ここでもずいぶんちがっているが、かんじんのヒメコソの名前が「アカルヒメ」だということも分かったし、彼女の先祖が日本人だということも分かった。

お話も名前もなぜこんなに変わるのか？

でもなぜこんなにも、人の名前や話が変わるのであろうか。それを永年かかって調べてみると、やはり先にお話した沖縄語などの言葉によるものだったのである。このツヌガアラシトという人物は、ヒミコその人ではないので本題からそれるが、ヒミコとは最後まで重大な関係にある人物なので、もう少し詳しく、しかし手みじかにお話しておこう。

「ツヌ」これは沖縄語では「角」のことである。「ガ」はいうまでもなく「○○が…」というときに使う助詞である。「アラシト」は、この「角が…」という言葉を受けているのだから「有る人」のなまったものだとすぐ分かる。人をシトと発音するのは、東京周辺や南九州では今も日常、耳にする言葉である。

ここで少し古代の言葉について新しい情報を提供しておこう。それは「我（ガ）」は、古代には「カ」と濁《にご》らずに発音していたという話である。お正月に付き物の『小倉百人一首』には、一つも濁点が打ってない。「淋しさに、宿を立ち出で眺むれば、いつこも同じ秋の夕暮れ」は、「さひしさにやとをたちいてなかむれはいつこもおなしあきのゆふくれ」と書いてある。今の言葉なら幾つ濁点が抜けているか数えてほしい。このことは平安時代の人たちが書き残した他のものでも分かるし、またそれ以前の『万葉集』でも分かる古い日本語の特徴なのである。

また沖縄語では「ツ」を「チ」と発音する場合も多い。「天津乙女」は「アマチウチミ」と聞こえる。だから先の「都怒我」は沖縄語で読むと「チヌカ」なのである。この「チヌカ」も耳で聞くと「チンカ」に聞こえる。

そこで今、沖縄の人に「チンカ」と言って、それを漢字で書いてもらうと、十人が十人みな「天下」と書く。これで分かることは、沖縄の人たちには「都怒（チヌ）」と「天（チヌ）」とは同じなのである。ここまでわかると「日」もまた「カ」という発音をもっている。「天日矛」の「天日」は「都怒我」と同じものだったのである。

では残る「矛」はどうなる？　これも何かと同じなのだろうか。これを説明するには、先にもう一つの別名「蘇那曷　叱智（ソナカシチ）」を片付けたほうが便利である。これを見やすいように、

「都怒我阿羅斯等」と並べて、見ていただきたい。

ソナカ　シチ（阿羅の部分がない）

ツヌカ　シト

よく似ていることは一見して分かる。しかしソとツが同じ言葉から変化するだろうか？　分かりやすいようにだれでも知っている英語の「ｔｈｅ」を使って説明しよう。このスペルをローマ字読みすると「テヘ」か「テ」としか読めないのに、実際には「ザ」とか「ジ」とか「ゼ」

と読んでいる。この式でいくと「タ」「チ」「テ」とも読めることになる。

「zu」の音を聞いて、ヅと書くかズと書くか?

今度は「zu」を見ていただきたい。これは普通なら「ヅ」か「ツ」と読むが、フィリピンやスペインや中南米の人は「ス」と発音する。このように「ツ」と「ス」は簡単に入れ替わる発音なのである。

「しかし日本語の場合は?」と疑問に思うかたは、次の私の質問に答えていただきたい。

今、例としてあげた「zu」は「ヅ」か「ズ」か「ツ」か「ス」か?

「ズイズイ、ズッコロバシ、ナマミソ、ズイ」はこれで正しいのだろうか。

「ヅイヅイ、ヅッコロバシ、ナマミソ、ヅイ」ではないのだろうか。

それとも「酸い水《すい》、突っころ箸、生ま味噌、吸い」なんだろうか。

それとも「ついつい術転ばし、生身そ、つい」なんだろうか。

百人一首が証明したように、古代日本に濁音を使わない人たちがいたことは確実だが、その人たちが「zu」の音を聞いたとき、やはり今のあなたのように、それを「ツ」と書くか「ス」と書くか迷ったにちがいない。だから彼等は、同一人を「都怒我阿羅斯等」と「蘇那曷叱智」

と書いてしまった。しかし、それはその人たちがお互いに遠く離れていて、方言がちがっていたためではない。なぜそれが分かるか。それは本土の人間なら「ト」と読む「都」を「ツ」の音に当てているし、本土の人間なら「ソ」とよむ「蘇」を「ス」に当てているからである。

この字は『日本書紀』編集当時の唐音では「ス」だったのである。ソのかわりにスを使うのは「ｏとｅ」のない三母音語の特徴で、沖縄系の人たちしか使わない当て字である。

また「シト」と「シチ」を比べてみれば、「ト」は三母音ではないから、この名のほうは、沖縄と本土の言葉が入りまじっている地域、先に検討した大隅地方で書かれたものだし、同じものを「チ」と当て字したのは、まちがいなく純粋の沖縄語地域の人の記録だと分かるのである。

シチとホコが同じなのは『書紀』よりも古い記録のせい

だからこれらの別名の記録は、最初から奈良県で書かれたものではない。それは奈良県で編集された『日本書紀』の中に、あとで取りこまれただけで、原文はもっと古い時代に沖縄や南九州で書かれたものだったのである。そのことは次の主題である「シト」「シチ」「ホコ」の関係でも、じゅうぶん証明されている。

「シト」は「ヒト」の鹿児島なまりであるし、「シチ」は「シト」の沖縄なまりである。そして

「ホコ」は、この二つとは別物のようにみえるが、これもまた同じものの変化したものである。

東京周辺と鹿児島県で「シ」と「ヒ」が入れかわることは、もう一度説明するまでもないと思う。だからこれは「火」という文字を当てても、少しも不都合はない。この「火」は古代には「ホ」と発音されていたのである。神武天皇の名は「ヒコホホデミノミコト」で、『日本書紀』では「彦火火出見尊」と書いてあるが、この「火」が「ホ」と読まれるのは、『古事記』に同じ名を「日子穂穂手見命」と書いているからである。

また「木」は、「木の花開耶姫」「コのハナサクヤひめ」と読むのでも分かるように「コ」とも発音するし、沖縄語では「君」を「チミ」と発音するように、「キ」は「チ」になる。

だから「火木」と書いたものは、「ヒコ」「ヒキ」「ヒチ」「シコ」「シキ」「シチ」「ホコ」「ホキ」「ホチ」と読めるのである。「ト・ツ・チ」の変化は先にお話したから思い出していただきたい。これでこの主人公名の、後のほうについている部分のナゾが解ける。並べてみよう。

都怒我　阿羅　斯等　シト
　　　　　　　　　　ツ　｝都
蘇那曷　　　　叱智　シチ
　　　　　　　　　　火木
天日　　　　　矛　　ホコ

「有る」が「ナイ」話

こうしてみると、まだ一つ分からない部分が残っている。それは後の二つには「阿羅アラ」の部分がないことだ。これは蘇那曷の「曷」の字は、「アッ」という発音もあることで解ける。鹿児島方言では「有・在」という意味の「ある」を「アッ」と発音する。また都怒我の「我」は「角が」という場合の「ガ」という助詞と見られていた。こうした助詞は古代には書いたり略されたりキマリがなかった。だから「曷」の字は、いろいろに解釈されて別名を生んだ。

蘇那　曷　叱智　　ソナカシチ
蘇那ガ　曷　叱智　　ソナガ　アッ　シチ
スナガ　有　シ都　　スナガ　アィ　シッ
都怒我　阿羅　斯等　　ツヌガ　アラ　シト
角我　阿羅　斯等　　ツノガ　アラ　シト

この問題は、まだまだたくさんな研究材料と答があるが、この本では幾らおもしろくても脱線になるので、以上でやめよう。まだひと言つけ加えておく必要があるのは、この「アル」という言葉が、わざわざ加えられた「角が有る人」という解釈には、もっと重要で意味の深い

「決定的な答」がある、ということである。それはこの本の一番最後でお話する。

女神ヒメコソの夫の本名は王子「スナカ」

これで、このヒメコソの夫の名は、元は一人の人間で、一つの名が、「間違い」によって「分裂」したものだったことが確認できた。では、これまで見た名のうちどれが最初の「本名」だったのだろう？　天の日矛は、「都怒我」を「チンカ」（正確にはティンクァに近い）と読んだ発音につけた当て字だから、いうまでもなく都怒我のほうが先である。

都怒我阿羅斯等の「斯等」は語尾にO《オー》があるから、純粋な沖縄語では使わない文字であるが、「叱智」は沖縄語の発音だから、都怒我阿羅斯等という文字は「完全な沖縄語の名であるスナカシチ蘇那曷叱智」という名をスをツとなまって、沖縄語と鹿児島語の発音を「ゴチャまぜ」にして写したものである。この逆のことは起こらないから、これでスナカシチのほうが先だったことがはっきり分かる。本名は「蘇那曷叱智」だったのである。

このことには、この「発音の流れによる順序」だけでなく、もっとしっかりした証拠がある。それはこれまで見てきた「お話」はどれもこれもが、「よその国からやってきた流れ者の、まるでおとぎ話のような、頼りない聞き書き」に過ぎなかったが、この「蘇那曷叱智」には別に実に詳しい、立派な「歴史記録」が残っているからなのである。

その王子は、神功皇后の夫・仲哀《ちゅうあい》天皇？

従来「オキナガ・タラシ・ヒメ」と読め、といわれてきた神功皇后の名は、『古事記』では「息長帯比売命」と書いてある。この文字をよく見ていると「息長」は「ソク」と「ナガ」で濁音をとると「ソクナカ」になる。これは古代の当て字だから「息」は「ソ」に対する当て字である場合もあるし、また沖縄で当て字をした場合は「ス」に対する当て字である場合もある。とすれば、これは「スナカ」にいちばん近い名だということになる。

しかし彼女はいうまでもなく女性だから、蘇那曷叱智《スナカシチ》と比較するには、その夫の仲哀天皇のほうを調べなければいけない。するとすごい答が出たのである。

この天皇の名は『日本書紀』に「足仲彦天皇」と書いてある。これをよくみると「足はソク」だから「息ソク」と同じこと。「仲ナカ」は「長」よりも濁音がないだけ、よけいに「スナカ」に一致している。従来は、この名は「タラシ・ナカツ・ヒコ」と読めと教えられてきた名だ。しかし夫婦で、まるで別の名というのはおかしい。「ソナカ」か「スナカ」と読めば、はじめて夫婦が同じ家の家族だと分かるのである。これは従来の読み方、教え方が、とんでもないデタラメなものだったことをはっきり立証している。

間違いだらけの天皇名の読み方

しかし『記・紀』には、もう一つずつこの夫妻に別の当て字をしている。「帯中日子天皇」というのは『古事記』。「気長足姫尊」というのは『日本書紀』である。これはどちらも、どんなにしても「スナカ」「ソナカ」とは読めない。ではこれは『記・紀』の編集者が、天皇家のことを思って、天皇が「新羅王子だった」というような奇妙な真相が分からないようにと、わざと別の字を選んでつけたのであろうか? そういえば、『古事記』と『日本書紀』とで、どちらも一つずつ食いちがっていて、片方だけではナゾが解けないようになっている。わざわざ、そうしたと勘ぐれば、あやしく思えないこともない。

しかしこの後の二つも実は、単に真相を隠すため、小細工して文字を変えたのではないようである。なぜならそんなに厄介な話なら、わざわざ「天の日矛」の話などを幾重にも収録しなかったはずである。それこそ切り捨てても、だれにも分かりはしなかったのだから……。

そしてもう一つの理由は、この後の二つの名も、それらの別名と同じように、やはり理由のある重要な名だからである。それは次のような構造になっていたのだ。

ソナカの変貌

＊＝本名　〈　〉内は間違った読み方

Tsurukalnin のパーリ語ナマリ

＊Sonaka　蘇那曷　叱智

足仲　彦　→（↓タリナカ＝下の鹿児島語の原音）

〈タラシナカツヒコ〉→〈タイナカ＝大中＝帯仲＝胎中〉

Sunaka　須那迦　アショカ王の東方宣教団法王（『善見律毘婆沙』の用字）

Sonaga　息長　→ Sunaga　須永・砂川

〈オキナガ〉

牛　干斯岐・阿利叱智・干岐〈カヌキ〉

（ソ＝朝鮮語）→ウシキ　シチ・ヒキ（ヒキ＝日木＝ヒコ＝日子＝彦）

津　（沖縄語ではキ＝チ＝津＝の）

Tsuruka　……　alnin

（有人）

Tsunuga　都怒我・阿羅斯等　→ Tsuruga 敦賀

（角が）

Tsinuga　気長　（沖縄語はキをチと発音）

〈オキナガ〉　チヌ国＝金　国＝沖縄

キヌガ　→木の花・紀の国・紀伊・支惟国・絹が

チヌカ・　日木

Tsinuka　天　日・　矛〈アメノヒボコ〉→　茅沼海・姐奴国

↓　ホコ　↓

ヒコ

T enchi　天　稚・　彦〈アメノワカヒコ〉→　天若日子

Tsinuki　［火葦北］・阿利斯登（「敏達天皇紀」）→　Tsunagi 津奈木

T en ka　天　日・　人〈テンカビト〉→　天下人

「帯」の字は先の例でタラシと読まないとすれば、後は「タイ」か「オビ」である。これは、とても何かの意味がありそうにもない。しかし「タイ」を鹿児島方言化して「ティ」と読むと、「ティナカ」になる。これなら沖縄では「チンカ」に変わるから、「天の日矛」の「天日」と同じになる。では皇后のほうはどうなるだろう?

「気」は沖縄語で「チ」になることは、先に「君＝チミ」といった例でお分かりいただいたとおりである。だから「気長＝チナカ」。これもやはり「チヌカ＝都怒我」「チンカ＝天日」への当て字だったのである。

では「彦・日子」はどうなるか。もうお分かりだと思うが、「日子」と書けば「ヒコ」とも「シチ」とも読める。完全に名前の全部が一致するのである。これで先に語源だとした別名の本当の出発点が分かった。それは他の名前では、夫妻が別々だったが、この天皇夫妻では、どちらも同じ「ソナカ」「チンカ」で一致してワン・セットそろっているからである。

過去に「タラシナカツヒコ」とか「オキナガタラシヒメ」と読めと教えられていた名前は、全然関係のない架空のものに過ぎなかった。そんなもので古代史のナゾが解けるわけがない。これで、これまで何となく頼りなかったわがヒロイン「ヒメコソ」女史は、ナゾのヴェールを脱ぎ始めた。そして新しい手掛り「ソナカ」という名前が、ライト・アップされて浮かび上がった。それはまだまだ「卑弥呼」には遠いが、ヒメコソの名はかなり強いウエイトを持ちはじめたことをお感じになると思う。

ヒメコソと神功皇后がピタリ一人に！

しかし名前がピッタリ同じだとしても、その「内容」がちがっていては、何にもならない。この点をたしかめてみよう。先にみた「別名たち」の記事は、細かい点で多少くいちがったが、大切なところは同じだ。それは、

1 女性が「不思議な超能力の持ちぬし」だったこと。
2 女性と男性は別々に船でヤマトへくる。
3 男性は角我（ツヌガ）の笥飯（ケヒ）にくる。
4 女性は神として祭られていること。
5 その名は「ヒメコソ」という神として祭られていること。

＊（従来は比売語曽・比売碁曽と書いてあっても、ニゴらずに読むことになっていた）

といった点で一致していた。

では仲哀・神功夫妻のほうは、どうなっているであろうか？　比較しやすいように同じ順番に書いてみよう。

1　皇后も「不思議な超能力の持ちぬし」だった。（一致）

2　皇后と天皇は別々に船でヤマトへくる。（一致）

3　天皇は角我（ツヌガ）の笥飯（ケヒ）にくる。（一致）

4　皇后は神として祭られている。（一致）

5　これは前の四つをみると、その行動がすべて一致している。「ヒメコソ」の神が、皇后であることは、まちがいない。（一致）

そして皇后が卑弥呼であれば、その呼び名にもう一人、この内容と同じ条件のそろっている人物がいる。

次の章では、その人物について徹底的に考えてみることにしよう。

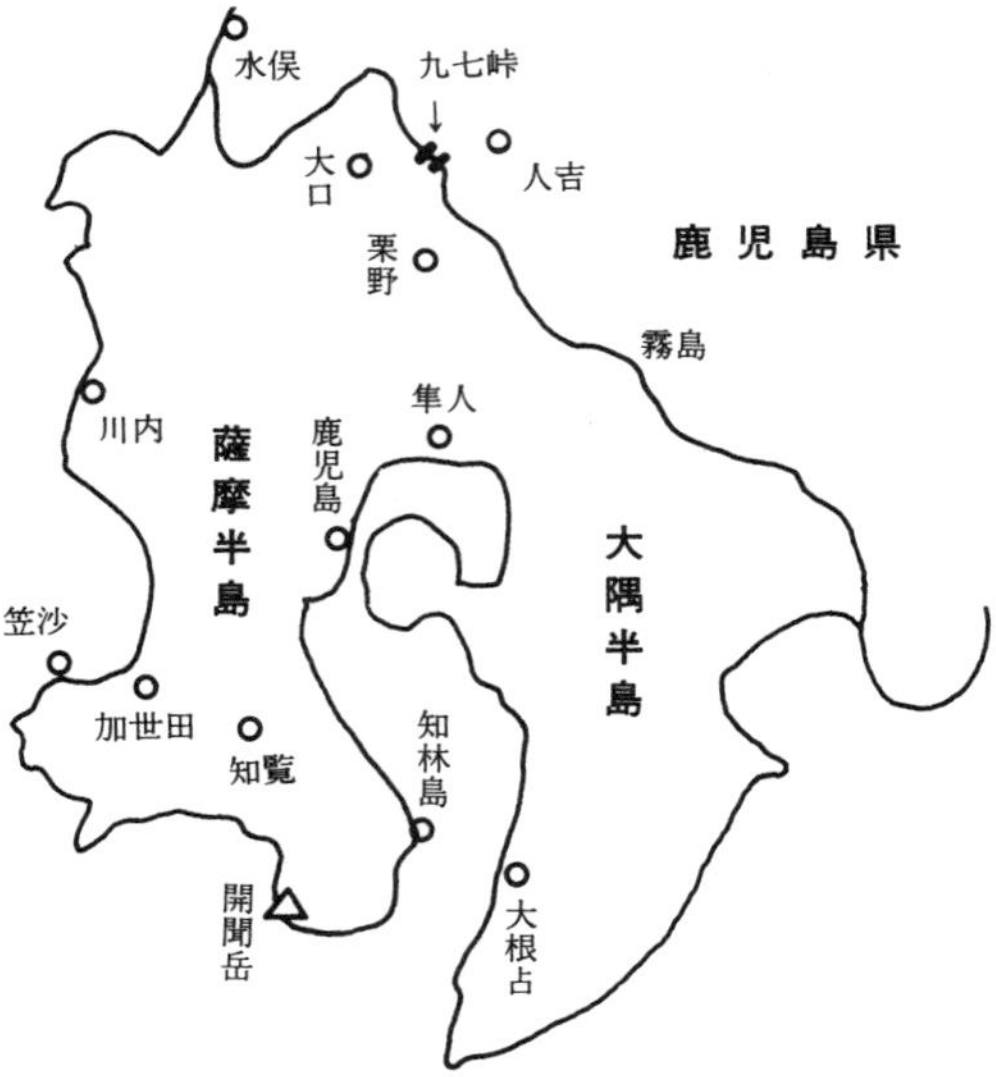

第二章

卑弥呼の両親はイザナキ・イザナミだった

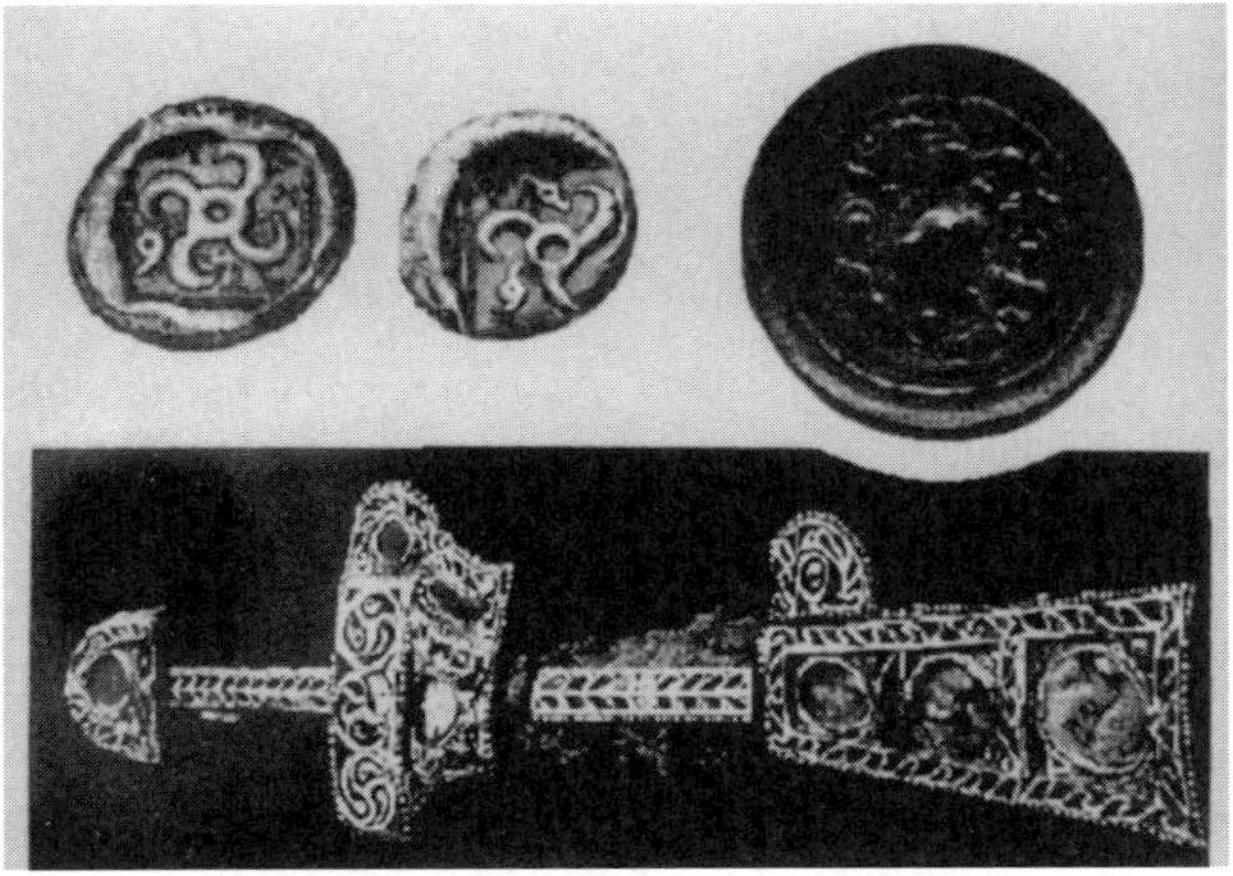

三種の神器の原型　**左上**・リュキア（古代ギリシャ領小アジア半島最南部、ロドス島の東北）の銀貨。曲玉もマンジも太陽の象徴。アポロンの生れ変りと称したアレクサンドロスも愛用していた。**右上**・三角縁神獣鏡の一種。方位を示す突起がついた世界でただ一つの珍しいもの（三世紀卑弥呼時代＝鹿児島県伝世の神宝・筆者蔵）　**下**・シャカ（サカ、スキュタイ）人の黄金宝石装宝剣。アレクサンドロス大王も同じ系統の剣を愛用していた。（韓国・三国時代の新羅古墳から出土した副葬品）

天照大神は日本にきたか？

私たちがこの本で真相を求めている卑弥呼は、いうまでもなく「女王」として知られている。そして今、見つかった候補者神功皇后は、皇后と呼ばれてはいるが、夫天皇の死後、自ら政治を主宰した女王である。そうして今から検討しようとする人物は、日本の歴史では『記・紀』ともに、最高権力をもった大女王として描かれている。それは「天照大神」である。

ただ問題なのは、彼女はタカマガハラ（高天原）にいて、その孫のニニギノミコトが日本へきたという点である。卑弥呼も神功皇后もヒメコソも、日本に来たという点では完全に一致している。まず「天照大神は日本へきたか？」というナゾから解かなければいけない。

この「タカマガハラ」だが、戦前は「天の上にあった神がみの政府」だと教えられていた。日本政府の文部省が「そう教育しろ」と、教師たちに命令していたのである。

では、天孫降臨神話は古代人の空想の産物だったのであろうか？　調べてみると、それは歴史事実が、神話のように間違えられていただけで、決して「神話」として書かれたものではなかったのである。タカマガハラは実在したし、今もそのまま実在している。それは立派な「地名」として日本の大地の上に生きて残っているのである。

天照大神は、まちがいなく日本にやってきたし、日本に住んでいた。だから彼女が卑弥呼である可能性はじゅうぶんある。まず「高天原」とはどこかからお話しよう。

古事記が注意書きで指示する「高天原」の正しい読み方

『古事記』の本文の一番最初のところに、この「高天原」という名が出てくる。そしてその下に例の「割り注」（マニュアル）が小さい字で書いてある。それを原文どおりに書いておく。「訓　高下天　云　阿麻　下効此」これは「高の字の下の天の字は、オマと読む。これから後も同じように読め」という意味である。

「高天原」という三字が書いてあって、はじめてこれを読む人は、何と読むのか分からない。漢字音で「コーテンゲン」と読むのか、和訓（日本よみ）で「タカアマハラ」と読むのかと迷う。そこで「コー」「テン」「ゲン」という三字のうち、高の字の下の「天」だけを漢字音ではなく、「日本よみ」で「オマ」と読んでください、というのである。

これは今「重箱よみ」といっている読み方である。捨てておけば「コウテンゲン」か「タカアマハラ」としか読まないから、そうではなく「コー・オマ・ゲン」ですよと、特殊な重箱よみをしてくれと、わざわざ注意書きをしてあるのである。

ところがこれまでは「タカ・マガ・ハラ」などと、全然この注意を守らないで平気でいた。「天」を「オマ」と読まずに「マガ」などと読むだけでなく、「コー」を「タカ」、「ゲン」を「ハラ」と、全部まちがった読み方をしてきたのである。

高天原は南九州の熊毛地方のこと

『古事記』を書いた本人が「こう読んでください」と、わざわざ書いた「地名」をまちがったデタラメな読み方をしていては、それがどこか分かるはずがない。神奈川をジンナセンといったってだれにも分からない。「メイフルオク」といわれて、すぐ名古屋だと分かる人がいなくても当たり前である。それでも日本人で名古屋を知らない人はいないから、少し考えるとナゾは解けるが、「高天原」のほうは今でもどこのことか分からない、人の知らない地名だったのである。当て字を書いた本人以外、何と読むのか、どこのことか、だれも知らないのだ。

しかし「コー・オマ・ゲン」と正しく読んでも、まだよく分からないと思う。ところが先に説明したように、この記事の部分は、南九州より南の地域での歴史だから、三母音の沖縄語で読まねばならない。oとeを除いて「コー」は「ク」。「オマ」は「マ」。「ゲン」は「ギヌ」と読むと「クマギヌ」、沖縄の人ならすぐ「熊毛の」だと分かるのである。

熊毛（クマゲ）というのは、屋久島《やくしま》と種子島《たねがしま》など島々ばかりの、鹿児島県の南の海上の郡の名になっているし、山口県にも同じ名の郡がある。天照大神が山口県にいたという記録はないが、ニニギノミコトが「アマくだった」のが鹿児島の高千穂の峰だとされているから、その南方の熊毛地方なら地理的にもぴったりだ。

同時通訳だった『古事記』の筆者

これで古来、日本の歴史で最高のナゾとされてきた問題「高天原はどこか？　というナゾ」は完全に解けた！　それは『古事記』筆者が、せっかく親切に書いておいた注意を、まるで実行しなかった連中の、ばかげた読みソコナイがナゾを作りだしていただけで、なんのことはない、ごく分かりやすい地名への、簡単な当て字にすぎなかったのである。

ではなぜ『古事記』筆者は「熊毛」と書かなかったのだろう？　それは彼にも本当のことが分からなかったからである。その筆者は『古事記』の序文を書いた「太安萬侶《おおのやすまろ》」だとされているが、その序文にはこう書いてある。

「稗田阿礼《ひえだのあれ》が暗唱する古いお話を細かく拾い集めて編集しましたが、昔の言葉は素朴で、それを文章にするのに苦労しました。そのまま書いても何のことか分からないでしょうし、そうかといって詳しく説明していては、長ったらしくて読みづらいでしょう。だから便宜上、重箱読みも使うし、「音」だけを万葉ガナで書くこともしたのです」

今、私たちが疑問に思ったことを全部説明している。彼はヒエダのアレが暗記していた話を、同時通訳して、それを元に『古事記』を編集しただけだったのだ。だから「アレ」の言葉がなにを意味するか、分からないまま「音」に当て字したものも多かったのである。

天照大神（オオヒルメのムチ）はどんな子だったか？

天照大神の政府が天空のどこかでなく、熊毛の島のどこかにあったことが、これではっきりした。では、彼女はその島の出身だったのだろうか。『記・紀』には次のように書いてある。

イザナキ（伊弉諾）イザナミ（伊弉冉）のミコト（尊）が日本列島と山川草木を生んだ後、日の神を生みオオヒルメのムチ（大日孁貴）と名をつけた。一書では天照大神だという。その子は光り輝くように明るく美しく国中を照らしたので、二人の神様は喜んで「子供はたくさん生まれたが、こんなに不思議な子はいない。いつまでもこの国に置くより、早く天に送って、天上の仕事をさせよう」といった。そのころはまだ天地の距離が短かったので、天の柱を使って天上にあげたのである。次に月の神が生まれた。一書では月弓の尊、月夜見の尊、月読の尊という。その光りは日に次ぐので、日にそえて天上を治めさせようと、また天に送った。次に淡島とヒルコ（蛭児）を生んだが、蛭児は三年たっても足が立たなかったので、アメノイワクスブネ（天の磐楠船）にのせて、風のまにまに流して捨てた。

このあとにスサノオのミコトの話が続くが、それは今は省略しておこう。それならなぜ、月の神やヒルコのことまで見たのか？　その理由は次のページですぐお分かりになる。

桑幡家に伝わったもう一つの『オオヒルメ物語』

天照大神のオオヒルメという名は、変わった珍しい名前だが、実はまったく同じ名をもった「オオヒルメ」の、別の伝承がもう一つある。

いま鹿児島県隼人《はやと》町にある鹿児島神宮は、「大隅《おおすみ》一の宮」、または「正八幡宮《しょうはちまんぐう》」という。先祖代々この神宮の神官だったという桑幡《くわはた》家に、『正八幡の縁起《えんぎ》』という古文書が伝わっている。

それは昔の神社解説書『二十二社註式』や、『惟賢比丘《いけんびく》筆記』にも写され、柳田国男氏の『妹《いも》の力』でも紹介されている。私も『邪馬臺《ダイ》国の言葉』（一九七六年＝コスモ出版刊）および鹿児島県出身者の教養親睦誌『随筆かごしま』に一九七八年から七年間にわたって連載した『鹿児島県にも実在した邪馬台国』、ならびに「言語復原史学会」刊の『垂仁天皇の邪馬壹《イチ》国』などで、くりかえし取上げているが、そのあらすじは次のようなものだ。

「シンタンコク（震旦国）のチン（陳）大王の姫のオオヒルメ（大比留女）が、七歳で子供をみごもって王子を産んだ。王たちは驚いて父親はだれだときくと、『貴《とうと》い人と寝た夢を見て目が覚めると朝日が胸にさしていました。その日から、なにか不安な感じの日が続くと思っているうちにこの子が生まれたのです』と答えた。王たちは悩んだ末に決心して小さな母子をウツロブネ（空船）に乗せ、身分を証明する印綬《いんじゅ》（地位を現わす王印とそれを胸にさげるヒモがセットになったもの）をさずけて、『流れ着いた所を領地にしなさい』と祈りながら海に押し流した。

船は流れて今の鹿児島県の大隅に着いた。その王子の名が八幡《ハチマン》なので到着点を八幡崎という。母のオオヒルメは筑前《ちくぜん》（福岡県）の若椙（ワカスギ）山に移って、のち「香椎《カシイ》聖《ショウ》母《モ》大明神」と崇拝され、王子は大隅にいて正八幡宮に祭られた」というのである。

ご覧のとおり「オオヒルメ」という名が、天照大神と同じ名であるだけでなく、幼い男女が両親と離れて暮らすという点や、ヒルコの話の子供が船で流されるというのとも共通している。また日の光が体にさして夫なしで子供を産んだというのはヒメコソと共通し、そして生まれた子供が、共に「八幡」という名をもっているのは神功皇后と共通している。

さらに直接、鹿児島神宮へいって調べてみると、一般に信じられているのとは違って、主祭神は「ヒルコのミコト」。副祭神が神功皇后で、皇后の話にまつわる「海の潮の干満を左右する玉」も現存していて、特別に見せてもらった。こうしたことは「ヒルコ」と八幡とが、実は同一人だということになる。しかし違った点を研究しないで、それだけで「同じだ」と決めるのはまだ早い。

この二人のオオヒルメは、生まれたところも、両親の名も違っている。これも同じものか、どうか？　それを捨てておいて「同じだ。別の話だ」と決めることはできない。

しかしチン大王という名も「天日矛」の話で明らかになったように、沖縄方言の「天＝チン」と同じである。『記・紀』では、天照大神と月神は、その「天」に押しあげられたことになっていた。古代の話というものは、次第に食いちがうのは当り前なのだから、これだけ一致点があれば、もとは同じ一つの話が、変化しただけである可能性はある。

こうした神話とされてきた伝承は、これまではいい加減に扱われてきた。徹底して研究しないで、ただ比較して、ちがった点があると、一応「別の話だ」とか、歴史とは無関係な作品「フィクション」だとして『神話』と呼び、ましなばあいでも「文化移動のしるし」ぐらいにしかあつかわずに、「歴史とは無関係」を証明することに努めてきたのである。

しかしそのために真実の歴史がどれくらい隠され消されて、史学の進歩を「止めて」きたか知れない。この問題はこの本の生命なので、読者の皆さんにはとくによく分かってほしい。だから、さらに念を入れてみよう。

同じ時に、同じ地域で、同じ名の人物が、同じ内容の複数の要素を、きちんとそろえている事件が、同時に多発することは、この世界では「絶対に」起こらない。

一般に「他人のソラ似」や「偶然」と呼ばれるようなことが、ときたま起こるが、それはこの天照大神とオオヒルメの話のように、こんなに多く重なることはない。

そして見落してならないのは、このヒメコソ、神功皇后、天照大神、オオヒルメの場合は、すべて「支配者」の事件なのだ、という点である。支配者は庶民とちがって、ごく限られた数しかいない。そのわずかな人々のあいだに、全く同じ名、同じ内容の事件が、同時期に、幾つも、くりかえし起こることは「絶対に」ないと思われる。

しかし念を入れて、こんどは逆に考えてみよう。古い話は、時とともに変化し、尾ヒレがつき、次第に別の話のようになって分裂していく。それはごく自然な、当たり前のことである。それを後世になって比べてみると、違っている点がよく目につくことも当たり前である。

そこでウカツ者はあわてて「区別」してしまう。しかしその時、これだけの原則が分かっていると、これらの分裂した話、ことに二つのオオヒルメの話は「千年を経ても、まだこのていどの変化しかしていない」ともいえるのである。

天照大神の神代《かみよ》と卑弥呼の三世紀は同じ時代？

しかし若い読者は別として、昔の天照大神観《かん》が頭に残っている方には、「しかし神代に入っている天照大神と三世紀の卑弥呼とでは、たとえ名前がぴったり一致しても、また話の内容がどんなに似ていても、かんじんの『時代』が違いすぎるのではないか？」と、まだ疑問の残っている方もあると思う。

天照大神の話の中でよく知られているものの一つに、天孫降臨《てんそんこうりん》がある。ニニギのミコトに「ヤサカニ（八坂瓊）の曲玉」「ヤタ（八咫）の鏡」「クサナギ（草薙）のツルギ（剣）」という三種の神器を与えて、「豊葦原《とよあしはら》のミズホの国は我が子孫の君たるべき地なり、なんじ皇孫ゆきてしらせ…」といって、多くの家臣たちをつけて、日向の高千穂の峰にくだらせた、という話がある。

この「鏡」はいうまでもなく青銅鏡であるが、「剣」は鉄製である。それは実物またはそのままのスタイルで複製《レプリカ》されたものが、天皇家その他に残っているから、その様式で鉄製の剣だったことが確認できているのである。

だとすれば、天照大神はまちがいなく「青銅器時代の終り」「鉄器時代の初め」の人物なのである。ではもう一方の卑弥呼はどうだろう。

彼女の記録でいちばん有名なのは、彼女が魏の皇帝から百面の「青銅の鏡」をプレゼントされたことである。それは三世紀で、二三九年のことだとはっきりしている。その時はまさに日本の「青銅器時代の終り・鉄器時代の初め」にあたっている。天照大神と卑弥呼の時代は完全に一致するのだ。

分かった卑弥呼の「出身地」！

しかし「天照大神の物語にしろ、オオヒルメの縁起にしろ、どうみてもおとぎ話じゃないか。とても実際にあった話だとは思えない」という声が聞こえそうである。もし本当に天照大神とオオヒルメが同一人なら、その両親は単に「イザナキ、イザナミのミコトだ」ということだけでは済まされない。もっと具体的な答が必要だということになるだろう。それはこれまでに得られた答えでは、同時に神功皇后の両親であり、なによりもまず、この本の主人公「卑弥呼」の両親なのだ。それがはたして分かるだろうか？

これまでの調査で、私たちのヒロインは、まずその名前が、沖縄語の影響で方言化していることが分かった。またその行動範囲も鹿児島県の南の海上、沖縄県に至る南の島々であることも分かった。

だとすれば、その島々の中に、ナゾを解くカギがあることはまちがいない。すべての島々を、一つ一つ検討してみると実に多くの手掛りが見つかった。卑弥呼がどこで生まれたか。彼女の両親がだれだったか、疑う余地もなくはっきり、完全に分かったのである。

沖縄本島の北に沖縄県島尻郡という海域がある。「海洋博」のあった本部《もとぶ》半島の真北だ。そこにイゼナジマ（伊是名島）という面積十五平方キロメートル、人口二千人ばかりの島がある。全島でイゼナソン（伊是名村）、一村だ。

沖縄語がどんな言葉だったか、思い出していただきたい。それは三母音語で、oとeの発音がないのが特徴だった。だとすればこの島の名はナンダ……？「Ｉｚｅｎａ」には「ｅ」があるではないか……。

これはいうまでもなく、当て字のほうが間違っているのである。一六〇九年四月一日、島津軍に首里《しゅり》城を落とされて、表面は独立国のままだったが、実質的には属領になった沖縄は鹿児島からきた役人によって治められていた。

鹿児島語は「ａをｅ」と発音する。そのため本来「イザナ」だったこの島の名が「イゼナ」と発音されるようになった。それが後世には「ｅをｉ」と発音する沖縄語のくせで「イジナ」と発音されるように変わったので、本来の「イザナ」が忘れられてしまったのである。

イザナキ・イザナミのミコトは実際に存在していた

このイザナキ・イザナミの二神が、夫妻であることはよく知られているが、その名は最後の一字が違っているので、史学では「岐・美（キ・ミ）二神」と略称する。キが男性、ミが女性の名である。これは王のことを「キミ」といったので、それを二つに分けたのだ、というような説もあるが、それが沖縄語であることが分かれば、本当の意味はすぐ分かる。

沖縄語では「キはチ」だった。そもそも「キミ」という発音がないのである。だから本来はこの「岐」の字は「チ」と読まなければいけない。チとは何か？　彼は天照大神の父だったのであるから、「父を意味するチ」だったのである。

「ミ」は女性だから、普通の古語なら「女（メ）」であるが、沖縄語だから「ミ」と発音されているのである。父に対して母でなく「女」なのはおかしいと思うのがふつうだが、これは『記・紀』をみるとすぐナゾがとける。

この二人は、男尊女卑の始まりだったのだ。そこには女性が先に声をかけたりしたために、身体障害者のヒルコや淡島が産まれたので、以後、男を先にたてまつったという、今ならセクハラで有罪まちがいなし、という記事がある。そして事実、日本では系図に女性の名も記録しないような社会が現代まで続いたのである。

発見!! イザナキのミコトの生活遺跡

「イザナキ」とは「伊是名の父」。「イザナミ」とは「伊是名・女」だったのである。この「父」の真意は、単に天照大神の父というだけでなく、「全・伊是名島民の父」すなわち「伊是名・王」を意味する。そして彼こそが、「卑弥呼の実父」だったのである。

ではなぜ、彼は「オオヒルメの父」になると、まるで縁のなさそうな「震丹王」などと書かれているのであろうか？　これは見落すことのできない「相違点」なのだ。

この名前は、だから伊是名・王ではない別の「震丹・王」として、改めて研究して、それでも一致すれば、はじめて同一人だと決めてもいい。それはこの話が進むにつれて、次第に明らかになっていくはずだ。

伊是名島には今ではだれも記憶していなかった史実が実在していたのである。この島の名は後世のだれかが神話を実在らしく見せようと偽作した可能性はない。なぜならそんなことをして得をする者はいないし、第一、これまでそれが『記・紀』と関係がある、と思った者さえなかった。だれもそこに、そんな遺跡があるなどとは夢にも思わなかったのである。

天照大神を祭る伊勢は沖縄が本家だった

これで永く神話だとされてきた天照大神が実在の人物で、その出身地まで現存していることが証明された。しかし証拠としては、イザナキによく似た名前があったというだけじゃないか、と思う方がまだあるかも知れない。それに答える証拠は、まだまだいくらでもある。しかしそれはこの本の目的ではない。この本は一冊でヒミコのナゾを解くのが仕事である。だから右の疑問には、だれがみても後に疑問を残さないものを、もう一つだけ提出して終りにしよう。

伊是名という名は島の名前だといってしまえばそれまでだが、それには何かの意味があるはずである。それを明らかにしておこう。

これはそのまま読めば「イゼナ」であるが、濁音のなかった時代には何だったのか。それは「イセナ」。「ナ」は古代の「国を意味する名詞の一つ」である。先にお話したミマナ（任那）のほか、嘉手納、恩納、山名、猪名、伊那、稲、古那、与那国といった地名に今も残っている。だからこれは「イセ国」で、漢字で書けば「伊勢国」だったのである。

これでなぜ、天照大神が「伊勢の大神」だったかが分かったと思う。ではその「イセナ」の語源は？　と次々にきりがないが、それもまた分かっている。でもそれは後の「卑弥呼の鬼道とは何だったか？」の説明に必要だし、分かりやすいので、そこでお話することにする。

「天へのぼる話」は、ごく常識的！

さきに天照大神と月神の生まれたときのお話を簡単にしたが、あれは『日本書紀』にある話の一つで、『古事記』になるとガラリと変わって「イザナミのミコトが死んだあと、イザナキのミコトが左目を洗うと天照大神が、右目を洗うと月読のミコトが、鼻を洗うとスサノオのミコトが生まれた」と書いてある。しかしこれは、いかにもおとぎ話で、『日本書紀』の話のほうが原型であることが分かる。だから『日本書紀』の話で、その内容を分析する。

両親は子供たちを、「天上の事」をさせようと「天」へ送った、と書いてあったが、それを沖縄語の知識を使って読むと、こういう意味だったことが理解できる。

「天上」＝チンヅウ＝本土語のシンドウ。これは「神道」と当て字できる。

「天」＝チン。沖縄語で沖縄のことを「ウチナ」と発音するが、これは「大天」と当て字できる。そして「天に上げる」は、今でも首都へ向かうことを「ノボリ」といい「地方から来た人」の意味で「おノボリさん」というのと同じことである。

だからこの話は、伊是名島（伊勢の島）から、当時首都だった「沖縄本島へ神道に従事させにやった」という常識的な記録だったのだ。

「鬼姫」が攻めてきた遠い記憶

この常識的な話が、歴史的な「大展開」をしたのはナゼだったのだろう？　それは沖縄本島へ送られたオオヒルメではなく、八幡の母の方が別のところへついたためだった。どこへついたか？　それは『正八幡縁起』は大隅に着いたという。だが大隅地方は県の東半分を占めていて、見たところ東京都や大阪府ぐらいある。その中のどこへついたというのだろう？

そこには鹿児島湾に面した大根占（オオネシメ）という町がある。さきに鹿児島の方言は、大隅側は沖縄語の影響が強いとお話したが、この名は地元では「オニシメ」と発音されている。これに当て字すると「鬼姫」という名ができる。これは怖い名だが「鬼道」と書かれた卑弥呼の仕事と、なにか共通する名でもある。

また広東語《かんとん》などの南中国語では、「倭人」を「オニ」と読む。とすれば確かに卑弥呼も天照大神も神功皇后も、名実ともに「鬼姫」だったことはまちがいない。皆、よろいかぶとに身を固めて、戦争をした記憶をもっているからである。

そしてこの地方では、幼児が夜遊びをしたり、いうことをきかないと、「ワンがくっど（ワニ＝倭人が来るぞ）」といっておどかす。いまもなお、潜在意識の下に、かつて倭人が攻めてきて上陸した記憶が残っているのである。

ほかの人の記憶が混じったか？

しかし、恐怖の記憶が残っているのは、「幼児の姉弟が流された」という天照大神の話と、「七歳で子供を生んで流された」という『正八幡縁起』の話との、二つの『オオヒルメ物語』のイメージとは、たいそう違っている。これはどうもおかしい……。

この疑問は、やはりその「大根占《おおねしめ》」という名が解いてくれる。この「根」という文字は古代と同じく「タラシ」と読むと意味の通る名前になる。（それは重要な語源があるためだが、本書の後の部分に読者がかならずビックリなさるようなすごいお話の目玉として残してある）

だから大根占は「オオタラシシメ」とも読まれる。これに当て字した「大帯姫」「大足姫」という名は神功皇后の別名として、全国の多くの神社の祭神名の中に残っている。

もうお分かりのように、そこへ攻めこんだのは「皇后」だったのである。皇后は生後すぐに移動したのではなく、仲哀天皇と結婚後、分かれて移動している。それは『天日矛』や『ツヌガアラシト物語』でみたように、少なくとも一人前の少女になっている。そして他人の助けを借りずに自分で「ヤマト」へ帰った。これは明らかに「生まれ故郷」から「天」に昇ったり、大隅に流れついたりしたオオヒルメの話とは、少し食い違っている。とするとこれまで無条件に「オオヒルメと同一人」だとしてきた神功皇后の話には似てはいるが、別人の話が混じりこんでいるのかも知れない。それは古い話につきものの「尾ヒレ」のイタズラもあるが、考えられるのは「卑弥呼の後をついだイチヨ（壹與）」のことが、同じ名乗りのために区別できずに混じりこんでいるだろう、ということである。この点をよく注意する必要がある。

しかしその事件が本当にあったという証拠は、大根占という地名のほかにもたくさんある。ついでにみておいていただきたい。大根占にとなりあって「根占」というところがある。これは沖縄発音なら「ニシメ」。沖縄では「ニシメ・西銘」という姓は有名だ。また八幡崎は鹿児島では「ハッマンザッ」これの当て字は「浜崎」。大根占には今は故人になったが地元の名門で県会議員にも選ばれた私の親友、浜崎隼人氏がいた。

「オニ」は沖縄語では「ウニ」。沖縄の海には、あのトゲだらけのウニの仲間で、太い角をもった恐ろしげなのがいるから語源は同じだと分かる。ところが人間の「ウニ」さんもいる。「宇根」と書く。これは沖縄語で「大はウ」だから「大根＝オオタラシ」。やはり歴史的な、重要な苗字だったのである。タラシといえば「天照」も沖縄語では「チンタラシ」。これは有名な郷土民謡「アサドヤ・ユンタ」にある。「チンダラ・カヌシャマよ—」というのは、「死んだら神様になる」というのではなくて、「天照大神様よ」という祈りの言葉なのである。

方言や名前も目にみえない無形の文化財だ

ほかの人の「いい伝え（伝承）」が混じっているにしても、その通りの地名や、特別な姓が、今もそのいい伝えどおりの場所にはっきり現存しているのである。こういった貴重なものこそ本当の『史的文化財』なのだ。決して「形のある」発掘品や、遺物だけが歴史遺産ではない。また「芸能や技術」だけが「無形文化財」なのでもない。

私は大阪府の文化財保護の審議委員をしていた当時、おりあるごとに、新聞や雑誌、著書の中でその重要性を訴え続けた。またそれによってはっきり重要な歴史遺跡だと分かったもの、例えば大阪府の河内、和泉地方にある「溜め池」が、どれほど大切な歴史遺産であるかを新聞紙上で訴えたりした。

しかし無学な公務員たちは、そんなことは理解もできずに勝手に壊したり無くしたり、地名を変えたりして、跡形も残らないようにしてしまった。それはどんなにピカピカの金メッキの王冠や靴よりも、はるかに貴重な人類の宝だったのに……。

そしてそれ以上に、やはり無形の「方言や地名・苗字」というものが、どんなに大切な古代遺産だったか…ということが、今、皆さんにはお分かりいただけたと思う。これまでは「方言」は「いなかっぺえ」の証拠で、「なまり」があることは恥かしいことだと思われてきた。

そして幼稚なコメディアンなどが「ヘタに真似て」、あるいは「自虐的にわざと使って」おっさん、おばはんを笑わせてきた。しかしその笑いのなんと下等だったことか……。

そんな連中にかぎって、フランス語や英語が話せると、立派！　だとか、上品！　だとか、偉いとか感じてきた。しかしちょっと考えれば分かることだが、外国語というのもやはり「方言」にすぎないし、東京語だって「方言」にすぎない。それなのに今では、明治のばか者が考えた「標準語政策」が、貴重な「日本人の宝」をゴミ同然に捨て続けて、どこへいってももう大変な老人以外、本当の「方言」を話せる人はいなくなってしまった。

そうした人こそ、「トキ＝日本人が絶滅させてしまった鳥、皮肉にもニッポニア・ニッポンという学名がつけられていた」よりも、はるかに貴重な人なのである。その人たちがトキのように「絶滅」したとき、私たちは先祖の残した日本の歴史の証拠を「半分」失うのである。そして「国を無くした、かつてのユダヤ人」のように、「歴史を無くしたみじめな集団」になり下がるのである。それは今、くいとめなければ永久に「悔い」を残すのである。

第三章

イチヨ(壹與)女王による卑弥呼政権打倒の真相

武装した神功皇后　『小学国史』上巻の挿絵。昭和 15 年・文部省発行。

古代日本の歴史にはウソはなかった！

これで『記・紀』も『正八幡縁起』も、けっしてわけの分からない「神話」や「おとぎ話」を書いたのではないことが分かった。その記事が事実だと証明する地名や、それと深い関係のある姓などが、だれもニセモノを作る知識のない地域に、今でもちゃんと現存していた。それは変型しておかしく見えるが、そのもとになったものは「史実」だったのである。

その「変型」の中でもいちばんやっかいなのが、他人のものが混じりこんでいることだ。

いったい、なぜそんなことが起こるのだろう？

それは『記・紀』の編集者らが、「昔の名前」の真実をよく知らなかったためなのだ。これまで見てきたオオヒルメやソナカシチなどは、今の学者でも「個人名」だと思っている。個人の名なら、記録に残るほどの人が、幾人も同じ名をもっていることは余りない。だから「同じ名は同一人に決まっている」と思ってきたのである。しかしそれは間違いなのだ。なぜか？

イザナキ・イザナミの二人は名前の最後のキとミが違っていた。イザナというのは伊是名と書く島の名だった。だからこの場合は二人の人間と「島」が同じ名をもっている。

この「キとミ」は何だったのか、思いだしてみてほしい。それは「王様と皇后」のことだった。だとすれば、この島の「王様と皇后」は、次の代になっても、その次の代になっても、いつもくりかえし「イザナキ・イザナミ」と呼ばれるのである。それはなんのことはない。いまなら「アメリカ大統領」などという「肩書き」と同じものだったのである。

これは「個人の名前ではない」のである。だから、次々に代々「同じ肩書き」で呼ばれた。それを「個人名」だと錯覚して、ひとまとめにしたら、次々にあとを継いだ大勢の王様たちの出来事が全部、一人の王様のときに起こった事件にみえることになる。

ところが『記・紀』はそれをやってしまっている。よく読めば読むほど「何か変だな？」と思う部分がたくさん見つかるのである。しかし肩書きを個人名だと思っていた過去の学者らは、たとえなんか変だなと思っても、「『記・紀』は昔の野蛮な人たちが作ったものだから、いい加減なのが当たり前だ」などと勝手に「解釈」して、「そんな歴史を信じるほうがおかしいのだ」といい続けてきたのである。

しかしそれは完全に間違っていた。これまで見てきたとおり、それらは「神話」でも「うそ」でもなく、この世で本当に起こった『真実の史実』だったのである。

天の岩戸隠れは天照大神の死を意味する

では、オオヒルメのばあいは、いったいだれとだれが混じってしまったのだろう?
それは話を精密に比較しないと分からない。
1「イザナキの子のオオヒルメ」　は弟と一緒に流され、後でその弟スサノオと戦って、天の岩戸に隠れる。この話は「岩で作った戸」とはなんだったかから考えなければならない。

日本の当時の建築には石の重い戸なんかなかったが、ただ一つだけ実際に石の戸を使い、それが記録にも残り、また実際にも見つかっているものがある。それは「古墳」である。

古墳は死んだ人を葬って、そこへ他人が入れないように、厳重な岩の戸をしめてある。だから女性の天照大神には、とても自分で開けて入ることはできないし、戸が開いていて入れたとすると、今度はしめられないから、岩戸隠れの話は生まれない。

彼女がそこに本当に隠れたとすると、その可能性はただ一つしかない。それは「隠れる」という言葉が、天皇に対して使われる場合、「お隠れになった」というのは、死んだことを意味する。だから天照大神は、死んで岩戸の中に「お隠れになった」のである。

ところがこの話のかんじんなところは、その天照大神が再びこの世に現れて、世界がもとの明るさを取りもどした、ということなのである。

死んで葬られた者が生きかえるということは、実際に時々あることではあるが、この話はもう卑弥呼の話だと分かっているのだから、これは明らかにそんな奇跡の話ではなくて、彼女が死んだあと、新しい次の天照大神（壹與《イチヨ》）が後を継いだことの記録だ。

だからこの場合、天照大神は二人いる。それがこれまでは一人だと誤解されていたために、そのヘマな連中によって、奇妙な「神話だ」とされてしまっていたのである。

ニニギのミコトの祖母は卑弥呼ではない？

天照大神が日本の歴史で重要なのは、こんな「岩戸隠れ」の話のためではない。彼女の孫のニニギのミコトが、天皇家の一族のうちで初めて南九州へやってきた。それが国の始まりだ、というためである。次はその最重要な話をみてみよう。

2「ニニギのミコトの祖母の天照大神」　この話では、天照大神は「天」の「高天原」にいてニニギが初めて南九州へ上陸したことになっている。だから天照大神は「熊毛郡」にいて、九州本土には来ていない。

ところが卑弥呼は倭国三〇カ国の連邦政府の女王なのだ。その三〇カ国の中には間違いなく北九州の国々が入っている。それを統治する政府は、交通の不便な古代ほど、往来に便利なところになくてはならない。ところが熊毛郡の首都・西之表《にしのおもて》市に行くのには、今でも鹿児島から高速船で五時間以上かかるのである。戦前は汽船でも八時間以上かかった。これは戦前の「鈍行列車」の、東京～大阪間の所要時間と同じなのである。

また彼女が都にしていた邪馬臺《ダイ》国は、人口七万戸という当時としてはケタ違いの大都会である。ところが現代のように、海外から大量に食料を輸入して、田畑がなくても生活できる時代でも、熊毛郡最大の都市・西之表《にしのおもて》市で二万五千人前後、全種子《たね》ガ島を合わせても四万人ていどしか住んでいない。稲作も充分ではなかった三世紀には、とても七万人もの人口を、そこで養うことは不可能だったのである。

だから、ニニギの祖母の天照大神は「卑弥呼ではない」。そして同時に分かったことは、「卑弥呼当時の邪馬臺《ダイ》国は熊毛郡にはなかった」ということである。

これにはもう一つ重要な証拠がある。それは彼女は巨大な塚を築いて葬られたと『魏志倭人伝』に書いてある。それは岩で作った戸をもった古墳だった。だが熊毛郡にも、それより南の島々にも、そんな巨大な古墳は全くない。

このことは、卑弥呼とは別に、少なくとももう二人の天照大神がいたということになる。しかし『魏志倭人伝』には、「その国はもと男王が治めていたが、それが七～八十年間続いたあと、国が乱れて戦いが何年も続いたので、一人の女子を共立して王にした。それに名付けて卑弥呼という」と書いてある。

「ヒミコ」は個人名ではなく、倭国連邦大統領の官職名だった

これで先ず確認しておく必要があるのは「卑弥呼」という名詞である。それは彼女自身の名だったのだろうか？

彼女の名が最初から卑弥呼だったのなら、「一女子を」と書かずに「卑弥呼を」と書くのが漢文の文法である。だからこの名は共立されてから「名付けられた」、とはっきりことわっているのである。それは個人名ではなく、職業上の呼び名だったのだ。

この部分の記事で、次に分かることは彼女が「共立された」ということである。これは何をいっているのか。彼女がもと男の王様が治めていた「一つの国」の王に選ばれたのなら、「共立」などと書かれない。「代わって」一女子が次の王になった、という書きかたをする。「代がかわった」と表現するのだ。

そうでなくて「共立」とわざわざ書いてあるのは、彼女は「倭国連邦全体の女王」として、「それらの国々の王たちによって、共立された」ということなのである。だから彼女は、その

ときはじめて女王になった。自分の国ではそれ以前から皇后の地位にいたかどうか不明だ。

これが分からないと、彼女はシンデレラのように、ふつうの女の子から、ひと飛びに女王になったようにみえる。そしてそれは「七〜八十年も国を治めていた老王」に跡継ぎがないため、全くのよそ者が女王にしてもらったように見える。

そうなると彼女は、今でいえば「雇われマダム」のようなものだったということになる。はっきりそういっている学者もいるが、従来の学者はみなそれに近い想像しかしていなかったのである。私のようにはっきり理由をあげて、「ちがう」と否定したものはいない。

「邪馬臺《ヤマダイ》（・壱）国の女王・卑弥呼」は間違い

『日本書紀』の神功皇后の話を読むと、このへんの事情がよく分かる。皇后の夫・仲哀天皇は、クマソ（熊襲）と戦争して死ぬ。そこで皇后が永く政務をとる。これを『魏志倭人伝』の卑弥呼の記事と比べてみよう。

「其の国、本また男子を以て王となし」。これは仲哀天皇でも同じことだ。男王の国だったのである。

ところが次の「住、七八十年」。これを誤解すると、彼女の前の王が一人で七〜八十年も国を治めていたと思いこんでしまう。この「其の国」は「倭国であって、邪馬臺国ではない」ということがこれまで、いい加減にされてきた。そしてボンヤリしてか、うっかりしてだか、「平気で」『邪馬台国の女王・卑弥呼』などといってきたのである。だが、ここが非常に重大な注意点なのである。

この部分の文章は「倭国連邦」の事件を書いたものであって、邪馬臺国や邪馬壱国のことを書いたものではない。「倭国乱れ…一女子を共立」したとはっきり書いてあるのである。

また「七八十年…」というのも「その連邦全体の皇帝または大統領は代々、七〜八十年間は男ばかりだったが…」という意味なのだから、そう正確に訳す必要がある。それでこそはじめて一人の女性を、各共和国の大統領たちが連邦の女王として選出し、その『新しい称号として卑弥呼という名を』決定したということだと理解できるのである。

だから「卑弥呼」というのは「アメリカ合衆国・大統領」と全く同じ「連邦代表」を意味する『肩書き』である。これに比べて「邪馬臺国とか邪馬壱国」というのは、「ユタ州」とか「ネバタ州」というのと同じく、連邦傘下の自治体に過ぎない。その首長は「大統領」ではなく、「知事」と呼んで、正確に区別しなければならないことはだれでも分かる。

それを「ユタ州の大統領」などと呼んだら、何というおろか者か……とだれでも思う。それなのに卑弥呼という『肩書き』『称号』を「個人名」だとしか思えなかった者は卑弥呼を「ユタ州の大統領」と全く同じ呼び方で、『邪馬台国の女王・卑弥呼』と呼んでいるのである。これで『邪馬臺（・壱）国の女王・卑弥呼』という呼び方が、どんなに変な、幼稚な呼び方だったか、よくお分かりいただけたと思う。

だがこの章でとくに心にとめておく必要があるのは、「卑弥呼が女王に共立されたとき」の記事と、神功皇后が政務をとって実質的に女王になったが、その前は、その国は男王すなわち仲哀天皇が治めていた、という状況とが少しも「食いちがわない」ということである。では話を元にもどして「神功皇后紀」には、どんな「他人」が混じりこんでいるのかをみよう。

『神功皇后紀』はヒミコとイチヨが合体

3［八幡の母オオヒルメ］　は大隅に流れついたあと九州北部までいっているから、確かに大《オオ》根占《ネシメ》に「鬼姫」の名を残した女性である。そして八幡の母は「神功皇后」である。

神功皇后は確かに北九州へも行っているが、さらに韓国や大和へも、攻めこんだことになっている。それが事実だとすると卑弥呼には合わない。彼女がそんな過去をもっていたのなら『魏志倭人伝』は必ずそれを大きく書いたのだが、それも大乱の記事もない。それ以前にそんな事実も記録もなかった。とすればこれは、卑弥呼より後の事件である。

これは大根占までの「オオヒルメの部分」は確かに卑弥呼に一致するが、「神功皇后の部分」には、「絶対に卑弥呼ではないと分かる話」が、間違いなく混じりこんでいるということだ。神功皇后の記事はもっと分類が必要である。

ではそれはだれとだれの記事が混じっているのだろう。それは同じ仕事をした点とその時代の接近している点から考えて、間違いなく卑弥呼と壹與《イチヨ》の二人であり、その原因は同じ地位についた「肩書き」と、経歴にも似た部分が多かったためだと分かる。

イチヨが立ったときの状況

「神功紀」には、そのイチヨが立ったときの状況がはっきり分かる部分がある。それをご覧にいれよう。

皇后は夫・仲哀天皇の二人の息子と戦う。この話の部分を『日本書紀』でみてみよう。

「皇后は冬十月、ワニの港を出発してシラギ（新羅）に遠征し、王を降伏させた後すぐ、三月にその二人の皇子を攻める」

従来は、これは船で瀬戸内海を航海して近畿地方に入り、京都、宇治のあたりで戦ったことになっていた。しかしこれが、まだ邪馬臺国時代であることと、その天皇の皇子たち、すなわち次の「天皇」たちの「肩書き」が、大和朝廷の天皇のものでも、また近畿のものでもないことで、完全に間違いだと分かる。では戦場はどこだったか。

「肩書き」は領地名を表している

それはこれらの「肩書き」がなにを意味するかが分かれば、すぐに解決する。

当時の「肩書き」は、その人物の治めていた領地の名前と、任務とを表記したものだったのである。その習慣は江戸時代になっても同じだったから理解しやすい。「薩摩・大隅・日向の太守」というのと少しも変わらない。こうしたものは古来『名乗り』と呼ばれてきた。だから幾度もいうとおり、それは絶対に個人名ではない。

このことに疑いや反論が出ないように、さらに念をいれて、ヒミコ時代の次の四世紀の倭国王の名前をあげておこう。

「使持節《しじせつ》・都督《ととく》・倭・新羅《しらぎ》・任那《みまな》・加羅《から》・秦韓《しんかん》・慕韓《ぼかん》・六国・諸軍事・安東大将軍・倭王」

これは有名な「倭の五王」の『名乗り』である。前の二つ「使持節・都督」は中国の官名で、中国での地位と任務を表しているが、その後につづく「倭・新羅・任那・加羅・秦韓・慕韓・六国」はだれがみても領地名である。そしてちゃんと「六国」と計算して書きくわえてある。

この記録は「倭の五王」の一人「武」が自分で書いて出した、中国の皇帝あての手紙に書いてあるだけでなく、中国政府がそれを認めて、正式に許可した『肩書き』であるし、それが中国の「正史」の一つに記録されている。だから当時の『名乗り』『肩書き』が主に領地名を表していることは疑う余地がない。

神功皇后が攻めた二人の皇子は鹿児島の王

そこで、問題の二人の皇子の名前を見てみると、それは大和朝廷の天皇の『名乗り』でも、また近畿地方にある国名でもない。それは次のようなものなのだ。

「麛坂王・忍熊王」というのである。麛という字は今は使わない字だが、これまで「カゴ」と読むことになっている。従来のよみかただとこの二つの名は「カゴサカオウ・オシクマオウ」である。一体これはどこの地名に合うのだろう。

よく見るとこれは二人分で一つの地域をあらわしていることに気づく。カゴという名ですぐ連想する地名は鹿児島だし、オシとクマという名は「襲（オスヒ・ソ）＝大隅」と「熊襲」と「熊毛」「球磨（クマ）」という名をすぐ連想させる。これらはどれも南九州に集中している地名や部族名だし、まず第一にオオヒルメが上陸した地域の名である。

オオヒルメは絶対に近畿地方へは行っていないのだから、これはどこからみても鹿児島県を指している。カゴサカは鹿児島地方＝薩摩半島側。オシクマは大隅半島側だとみると『名乗り』として、どこからみてもおかしくなくなる。

強いていえば、「サカ」だけがおかしい。これは南九州の地名ではない。佐賀かも知れないがそれでは飛びすぎているので、『名乗り』とすると、もう一つ欠けているもの「地位・官職」の名である可能性が高いが、ここでは重要ではないから後で検討することにしよう。

書きかえが記録混乱の犯人

この『名乗り』で分かるとおり、仲哀天皇の領地は、まだ大和ではなくて、鹿児島県だった。そこへ「神功皇后」が攻めこんだのである。だからその場所が「大根占」だったら、彼女こそ「鬼姫」そのものだった。なにせ、腹ちがいとはいえ自分の子を殺すのだから……。しかし、私たちには、それは別人の壹與（イチヨ）であって、母の卑弥呼の行為ではないらしい、と分かっている。そしてそれは、その皇子の「本当の母」の名がナゾを解く。

二人の皇子の母の名は「大中姫」である。これは「タイチュウ姫」と読むのが正しい。なぜなら、その夫の仲哀天皇は「帯中彦」だからだ。これも「タイチュウ彦」と読めば、夫妻の名がきちんとそろうからである。

これはもう一人の皇后とされている「気長足姫・息長帯姫」とは別人とされているが、それでいいのだろうか？　こちらは「ソナカ」と読めば、夫妻の名が一致して「正当な名乗り」だと認められた。とすれば、この「タイチュウ姫・タイチュウ彦」も、夫妻の名が一致して一対になるから、やはり「正当な名乗り」だといわなければならない。

どちらかの女性が正妻でないとすれば、こんな一致した名乗りになるはずがない。これは、どこからみても「気長足姫・息長帯姫」と「大中姫」は別の夫妻であって、それが理解できなかった『記・紀』編集者が、間違えて皇后と妃にしたことは間違いない。

ではそれはなにが原因なのか。それは「ソナカ」という本名に「足仲彦」と当て字したものを「ヒエダのアレ」のような暗記者が、間違えて「タラシナカツヒコ」と話したために「帯中彦」と当て字され、それを「次の暗記者」が「タイチュウ」と読みちがえたため、その話を速記したものが「大中」と当て字したと分かる。

「記録…破損…暗記者…誤読…速記」という古代の歴史保存システムが、避けられない変型を産みだし、誤解を生みだした一例なのだ。

過去の天照説も神功皇后説も間違い

だから皇子たちは一人の母、すなわち「神功皇后A」の子供だったとすると、奇妙なモツレが消えてなくなる。そしてそれを攻撃して殺したのは、義母ではなくて他人の「神功皇后B」だった。その関係はAを卑弥呼。Bを壹與とみるとナゾは残らない。

このことは、これまで「卑弥呼は神功皇后だ」とか「卑弥呼は天照大神だ」とかいってきた「説」が、「全部、まちがい」だったことを証明している。

その名が『名乗り』であって、個人を指していないのだから、幾人もの人物が複合して混入したままの『名乗り』を個人と錯覚したままでは、「その複数の人間がみな卑弥呼だ」といっているからである。これは卑弥呼以外にいた天照大神も、卑弥呼も、壹與も皆、同じ人間だといっているのだから、ムチャもはなはだしい。

こうした『名乗り』は徹底的に「研究整理して」、正しい姿に「復元して」はじめて「一人前」の人物として使うことのできるものなのである。

だから読者も「加治木は卑弥呼を天照大神だったといっている」とか「いや、神功皇后だといっている」などといわないでいただきたい。

比売語曾は「姫城」への当て字だった

これで「神功皇后紀」の中に卑弥呼と壹與の二人の歴史が、混じり合って含まれていることが確認できた。次はあとに残る「比売語曾」がだれに合うか、その名は何を教えてくれるかをみていこう。

4「ヒメコソ」はソナカシチの妻だから、この名は二人の神功皇后のうちの卑弥呼のものだとはっきり分かる。そして皇后の記事は、今みたとおり整理が必要だ。その整理にはこのヒメコソの幾つもある「異説」が役にたつはずだ。

しかし「ヒメコ」と「ヒメコソ」は明らかに違う。語尾の「ソ」が一字多い。これは何を意味しているのだろう？

オオヒルメと八幡の話が残っていた鹿児島神宮のすぐそばに、今「姫城」という地名が広い地域にわたって残っている。そこには「姫木山」という奇妙な形の丘もある。昔は、木の字を「コ」と読んだ。木花開耶姫をキハナでなく、「コの花・サクヤ姫」と読むことは先にもお話しした。それなら「姫木山」は昔はまちがいなく「ヒメコ山」だったのである。

「姫城」は、この「姫木」への当て字だったのだろうか。城の字も「キ」と読むからである。

しかし古代からあったとすれば、それは卑弥呼の宮城（ミヤシロ）の跡の可能性もある。この「ミヤシロ」という言葉は、今は神社をさす言葉として残っている。

そしてこの大隅地方には、同じ鹿児島でも、特に濃厚に「沖縄語」が残っていることを、いちばん最初に詳しくお話しておいた。

「姫城」は古代には、その「沖縄語」で呼ばれていた可能性が非常に高い。ではこれはなんと発音されていたのだろう。それは「フィミ・グスッ」である。では問題の「比売語曾」はなんと発音するのだろうか。これは「フィミ・グス」で、「フィミ・グスッ」に対する当て字だったとみて間違いない。

まだ疑問に思うかたは沖縄県出身者に直接きいてみると納得がいく。

またこの本の始めにお話した「oとeがない三母音語」の特徴を、もう一度読みかえしてみても分かる。ヒメは「フィミ」に変わり、ゴは「グ」に変わり、ソは「ス」に変わる。

このことで分かるのは、本当はヒメコソではなくて「ヒメゴソ」のほうが正しかったことである。もっとも、それより沖縄発音のほうが、さらに本当の語源だったのだが……。

ここまで見てきただけで卑弥呼のすべてが、この大隅地方を指しているのが分かる。そして常に全てをその出身地の沖縄語が、きわめて色濃くコーティングしている。

さらに重要なのは、卑弥呼の最大の特徴は、彼女が「鬼道」というナゾの宗教によって「祭政一致の統治」をしていたことだが、ここには彼女の伝説を伝えた唯一の神社「鹿児島神宮」があるのである。

神功皇后の近畿東征はなかった

こんなに濃厚に卑弥呼の遺跡がある土地は、日本中の土地を調べてみても他にはどこにもない。しかしこれまでは、神功皇后は「近畿へやってきて、古墳を残している、大和朝廷の皇后である」とされていた。それは、彼女が九州から瀬戸内海ぞいに進んだように見えるコースが『記・紀』にあるためである。

これがそのままでは、いくら鹿児島に遺跡がたくさんあっても、そこが卑弥呼の都だとか、死んだところだとかいうことがポイントの「邪馬臺国はどこか？」という質問への「答」にはならない。次はその問題の「神功皇后紀」の「神功・近畿東征」が事実かどうか、というお話に移ろう。

「仲哀天皇紀」『二年二月。チヌカ（角鹿）に行って、行宮（アングウ＝滞在用仮宮）を建てて住んだ。これをケヒ（笥飯）の宮という』

これまでは、このチヌカ（角鹿）を福井県のツルガ（敦賀）だといってきた。しかし私たちはヒメゴソの夫・天日矛が「チンカ・彦」への当て字で、この「チンカ」は、今「ウチナ」と発音している沖縄の古名「チヌ」と日の国の「日」との二つの国名をならべた『名乗り』だと知っている。そのほうが「チヌカ」と「ツルガ」よりも、はるかに発音に無理がない。

それは当たり前のことで、天日矛と仲哀天皇とは同一人物であり、先に確認した仲哀天皇の遺児・麛坂王・忍熊王が、鹿児島の王だったことを考えると、この角鹿をはるか彼方の北陸のツルガ（敦賀）だと思うことは、「余りにも遠すぎて」とても無理である。それは仲哀天皇は大和の天皇だと「思いこんでいた」過去の学者たちの、手落ちが産みだした錯覚であって、彼が沖縄の王であり、その遺児がまだ鹿児島王だった時代の三世紀の話だと分かれば、敦賀説など信じる人はいないはずである。次を見てみよう。

サメ人の「涙」で織った世界最高の絹

『その三月、天皇は南の国を巡幸したが皇后は連れて行かなかった。紀伊のトクロ（徳勒）の津の宮にいると、熊襲（クマソ）がそむいたので、それを討つために船でアナト（穴門）にいき、そこから角鹿の皇后に「穴門まできなさい」という使いをだした』

この穴門も今の山口県だとしてきたが、紀伊を和歌山とするとツルガは山口よりずっと近いから、なぜ、出発のときに使いを出さなかったのか？　そうすればほとんど同時に山口で会えたのに。なぜ、一刻も早く熊襲を討つ必要があるときに、山口とツルガのあいだを、遅い船で往復するようなばかなことをしたのか？　というのが、これまでの学者の意見だった。

これをみても、角鹿がツルガでないことが証明される。トクロ（徳勒）は当時の方言では、「ロ」という発音は「ノ」に変わったから。これはトクノ（徳之）島のこと。

キイ（紀伊）は、さきの天皇の行宮の名「ケヒ」と読まれてきた「笥飯」も、沖縄では「eはi」に変わるから、ケは存在せず「キ」で、「飯（イヒ）」は「ヒ」ではなく頭音の「イ」に使われると発音は「キイの宮」になる。これは当て字がいろいろに分かれただけで、もとは同じものだった。沖縄語では「キはチ」。「キイの国」は「チヌ国」。これまで「角」「天」などと当て字されていた沖縄本島のことである。

この地名には重要な傍証がある。

中国の古文献には「南海の蛟人が、その涙で織った絹は、薄く柔らかく世界最高の織物で、この世のものとは思えないほどだ」という記事がある。私たちが絹を「キヌ」と呼ぶのも、この「キイの国の特産物」という意味だったのだ。

この話はまた、「天照大神が機織《はたお》りを仕事にしていて、スサノオのミコトがイタズラに死んだ馬を投げこむと、織っていた女性が死んだ」という話と、固く結びついている。

しかし、「同時通訳と速記者」を兼ねていた太安萬侶（オオのヤスマロ）らは、「語り部」たちの言葉が正確には分からなかった。地名も八世紀と三世紀とでは、大きく変動して、同じ地名が次々に移動して増えていて、その内のどれが正しいか見当もつかなかったのである。

イチヨ（神功皇后）の戦った場所

これで神功皇后（イチヨ）のスタート点とゴール点が、およそお分かりいただけたと思う。次は「神功皇后紀」を見てみよう。全文を写したのでは長すぎるので、彼女が麛坂《かごさか》・忍熊皇子《おしくまのみこ》と戦ったときの、記事に出てくる地名を全部拾って、それに説明をつけるシステムでいこう。

それは皇后が新羅を討った翌年、『神功元年』の章にある。

［播磨］ハリマは今の兵庫県西部だが、『魏志倭人伝』にある［巴利国ハリマ］はまだ鹿児島県にあって町村ていどの小さい国。それが後の播磨のように大きくなったのは、邪馬臺国が移動したあとかなり経って、大和政権が成長してからのことである。

またそこへ麛坂・忍熊皇子が行って麛坂王が死ぬのだが、鹿児島の王が自分の国を守るのに、兄弟そろって二人とも、兵庫県なんかへ行くことは絶対にない。これは三世紀の歴史も、国の移動も知らなかった速記者が、自分の知っている地名の文字を当てただけなのである。鹿児島県に残る巴利国の遺跡は、伊佐郡の大口市の針持（ハリモチ）である。

だから［淡路島］アハヂシマも兵庫県の淡路ではない。「淡」は古音オホ、「淡海と書いてオホミ」と読んだ。だからイザナキのミコトの子の「淡島」は「オホシマ＝大島」で奄美大島の王のこと。［淡路島］はその大島へ行く途中の島という意味。これは兵庫県の淡路島でも同じこと。それは「阿波アハ」へ行く途中の島だから「アハヂシマ」と呼ばれるのだ。しかしもちろん、この島の名も奄美の人たちが移動してきてつけたことは、島の首都・洲本市にある島の鎮守の主神が伊邪那岐（イザナキ）の命（ミコト）であることでも明らかだ。

三世紀にはまだ大阪湾の海底にあった地名もある

［菟餓野］トガノは大阪市北区にあった兎我野《とがの》町だとするのが、過去の定説だった。この地名は「仁徳天皇紀」三十八年秋七月のところにも、夜ごとに鹿の声が聞こえる土地として出てくるので、だれでも大阪だと決めていたのである。

しかしそこは今の大阪駅のそばであって、少なくとも五世紀より以前は大阪湾の海底だった場所である。それは私の学友・梶山彦太郎氏と市原実・大阪市立大学教授の共著『大阪平野の発達史』（一九七二年・地質学論集第7号）で科学的に立証されている。

仁徳天皇は「倭の五王」の最初の王「讃《さん》」であることは確認できている。だから四世紀の人である。とすれば「仁徳天皇紀」にある「菟餓野」トガノも、ここではありえない。だから、三世紀のトガノは、はっきり別の土地だったと分かるのである。

ではそれはどこのことか、もう皇子たちの『肩書き』で分かっているとおり、鹿児島のどこかである。鹿児島市には今、「田上」というところがある。この発音は「タガン」だ。この字も古代のものではないから、昔は「都我奴」などと当て字されていた地名である。「都」の字はタ・チ・ツ・トと読まれているからだ。これを語り部が沖縄語で「ツガヌ」と発音すればぼ、速記者は「菟餓野」と書く。

［住吉］スミヨシ・スミエ。これも従来は、同じ大阪の、同じ湾の底だった場所にある土地のことだとされてきた。大阪は五世紀以後に、少しずつ埋め立てられてできていった土地である。それは大阪駅のある「梅田」という地名も、本来は「埋め立てて造成した田」という意味の「埋め田」だったことでも分かる。

ではそれはどこだったか？　これは奄美大島にスミエの沖縄語「スミユ」に合う住用村（スミヨウソン）というアマミノクロウサギで有名な村がある。ここには「神屋」という名が残っていて、住吉神の発祥の地と考えている。また種子ガ島にも西岸に住吉があり住吉神社がある。鹿児島市にも市の中心部の海岸通りに住吉町がある。

［難波］ナニワといえば、だれもが大阪を連想する。だから従来の学者は、この「大阪説」に少しの疑問も感じなかった。しかしこの地名も必ず「ナニワ」と読まれてきたわけではない。今でもその大阪でさえ「ナンバ」と読んでいるのである。

古代にはスキュタイ人、フン族と同じ「サカ人」が日本にもいた！

「難波」この地名は古式に頭音使用で読むと「ナハ」である。これは沖縄の首都の那覇（ナハ）市とぴったり同じだ。しかし敵の皇子たちがいる場所は鹿児島なのだから、沖縄ではありえない。

鹿児島には市の西はずれに谷山という地名がある。ここは「タンニャマ」と発音する。この発音と「難波」は共通点が多い。難の字は「ナン」のほかに「ダン」の発音もある。というより本当はダンだった、といったほうがいい。だから難波は古代には「ダニハ」か「ダヌハ」という発音に対する当て字だったのである。

日本の古代には国のことを「マ」という人々がいたことは、先にも話した。これは中国では「塞（サカ）」。ギリシャではスキュタイ。ヨーロッパでは「フンとかハン」とか呼ばれている人々の言葉で、「国・領土・世界」といった意味に使われる。その人たちが沖縄の島々に、タラマ（多良間）、ケラマ（慶良間）という地名を残した。

『魏志倭人伝』にはもっと多くの国名が、この「マ」をもっている。投馬・斯馬、邪馬などがそれだし、巴利国も後世に「播磨」と書かれているのをみると、やはり「ハリマ」だったのである。だから「ダニハ国」は「ダニハマ」。古代には「ハ」は「八（ハチ）」の字の影響で「ヤ」と発音する例が多いから、これを濁らずに清音で発音すれば「谷山《タニヤマ》」と当て字することになる。

この「サカ」の人々がいた地名は、他にもたくさん残っている。「佐賀・嵯峨」もそうだし、大阪の語源もそうだということが分かった。それはだれでも知っている大阪弁の代表的特徴である「……ネン」という語尾は、その人々が今も世界のあちこちで毎日使っている言葉だからである。その言葉は「フィン・ウゴル語」と呼ぶ言語の仲間で、今では日本から最も遠い国になってしまっているフィンランドの言葉も、実に多くの日本語との共通語をもっている。

神功皇后が攻めた古新羅《コシラギ》は鹿児島にあった！

「務古（ムコ）水門」これはムコの港と読んで、兵庫県の武庫（ムコ）川の河口のあたりだろうとしてきた。しかし「仲哀天皇紀」の八年秋九月のところでは、皇后が「処女《おとめ》の眉を思わせる向津国があります。それが新羅の国です」と天皇に教える話が出ている。この「務古水（ムコズ）」と「向津（ムコズ）」は同じものである。

この「処女の眉形をした向津国」とはどこだろう？　それは「眉の形に見える土地」のことでなければならない。その名は「新羅国」だと分かっているのだから、朝鮮半島にあった新羅のことだろうか？　昔、新羅と呼ばれた地域は今の韓国・慶尚道（けいしょうどう）にあった。そこは半島の東南の隅にあって、日本からの海上コースであった対馬がわから見てもデコボコした山がつらなっているだけで、とても乙女の眉のような美しい形はしていない。

ところが二人の皇子の『名乗り』にある薩摩半島と大隅半島を、すこし西南からながめると、真中に開聞（カイモン）岳が鼻の位置にあって、バランスのとれた眉を確かに思わせる。

しかし、そんなところに新羅があるはずがない、と思われると思う。そうだろうか？　開聞岳のふもとに神社がある。その名は枚聞（ヒラキキ）神社である。文字は違うが開聞岳も「開く」「聞き」でやはり「ヒラキキ」だったのを、後世に、ある有名な事情があって、政府の命令で「カイモン」と音読するように強制されたのである。

この「ヒラキキ」は何を意味しているのだろう。いちばん最後の「キ」は、イザナキの名の最後にもあった。それは沖縄語では「チ」で、父や王を意味する称号だった。するとこれは「ヒラキ王」だということになる。そこで前にお話した、鹿児島語と江戸語はどちらも「ヒをシ」と発音するくせがあったことを思いだしていただきたい。だから「ヒラキ王」と書かれたものは、正確には「シラキ王＝新羅王」という意味だったのである。

だとすれば神功皇后の討った「新羅」と「麛坂・忍熊王」とは、同じものだったのである。一つの事件が二つに分裂して記録されていたのだ。だから文字は違っても「務古水（ムコズ）」と「向津（ムコズ）」は同じものなのである。

新羅は鹿児島から北上して朝鮮半島に移動した

新羅が鹿児島から移動して朝鮮半島の国になった証拠はまだ大量にある。それが不思議だと思うかたは、『魏志倭人伝』のある『三国志』の『東夷伝《とういでん》』に書かれている当時の韓国の記事をご覧いただきたい。そちらには新羅などという国はどこにもない。

私たちには、もう「神功皇后紀」の記事が、三世紀当時の歴史を書いたものだと、はっきり分かっている。だから仮に皇后が本当に「朝鮮半島」を「侵略」したのなら、その相手の国名は『魏志東夷伝』にある国名と同じでなければならない。

ところがそこには全く載っていない「新羅」という国名が使ってある。これは朝鮮半島以外の土地での事件だからである。

それでもまだ納得いかないかたのために、少しだけ証拠を追加しておこう。鹿児島語では

「ヒラキ」は「ヒラキッ」で「ヒラ王津」という文字に相当する。これは「ヒラの王の港」と考えればいい。

　では「ヒラ」とはなにか。それは「ラ」が、サカ語の「マ」と同じく、インド語の「国・地方」などを意味する言葉だったから「ヒ国」。これは「日の国」か「火の国」と書くことができる。日本という国名の古い形だったのだ。

　韓国の正史である『三国史記』には建国当時の国名は「鶏林」といったと書いてある。この「鶏」の字は私たちは「ケイ」と音読するが、これは前にもお話したように唐の時代の漢字音であって、それ以前に沖縄に入っていた発音は、南中国の広東《かんとん》・福建《ふっけん》語の仲間の発音だったから「キ」なのだ。「鶏林キリン＝チリン」というのが国名だったのである。

　開聞岳のある揖宿《いぶすき》郡には「知林ガ島」という小島が歩いて渡れるところにある。この日本ばなれのした名の不思議な小島は、間違いなく新羅建国に大きな関係をもっているのである。なぜそんなことが「断言」できるのかといえば、それは初代の新羅王は「赫《カク》居世」という名で、例の韓国の正史『三国史記』に記録されているからである。

　この『名乗り』に「国」をつけると「赫力・居コ・世シ・国マ」になる。そして韓国の人は今でも「カゴシマ」より「カコシマ」と発音する人のほうが多い。

　ついでにもう一つとっておきの秘密を少しだけもらしてしまうと、この「赫居世国王」は皆さんにごく親しい人なのである。なんとそれはあの「かぐや姫」だったのだ！　それについてはまた別の機会に詳しくご説明したいと思っている。

皇后が攻めたのは、ナント「皇居」！

これで皇后の攻めた地域が鹿児島本土の南部だったことが、いっそう確実になった。しかしあとにまだ、重要な地名が残っているかも知れない。

「皇后は難波《ダニハマ》（谷山）をめざして船を出したが前へ進まない。そこで占ったところ天照大神が「我が荒魂を［皇居］に近づけるな、私は広田の国に居たい」といい、ワカヒメ（稚日女）のミコトは、「私は活田《カツタ》の長狭《ながさ》の国に居たい」というなど、いろいろな神々の託宣があった。そこでそのとおりにすると平穏に海を渡ることができた」という。

お気づきのとおり「皇居」という言葉が出てくる。船がそのまま進めば「皇居」に行くから、天照大神は「行きたくない」といって、船を進ませなかったのである。これは皇后自身が天照大神だとすれば、神の意思というより総大将の気持ちなのだろうか？

それより問題は、皇后軍が向かっている先が［皇居］だという「事実」だ。敵はやはり天皇だったのである。そのことは私たちには、この章の最初から分かっていた。しかし『日本書紀』の記事にはっきりそこまで記録してあるとは、これまでどんな大学者も知らなかったのである。

私たちはそれ以上に、その敵が、卑弥呼政権であったことを知っている。それこそ皆さんが最も知りたいこと『邪馬臺《ヤマダイ》国政府』と、その『所在地』なのである。

しかしゴールはもう目の前だ。急がずに残らず調べていこう。

［広田］は種子ガ島、南種子町平山の「山字文の貝製装身具」などが出土して有名な遺跡のある土地と同名である。そこは古代には先祖を祭る重要な霊場だったはずだし、沖縄から鹿児島へのコースの途中にある。

この天照大神は種子ガ島にいたいと言ったのだから、これがあの熊毛から出なかった、例のニニギのミコトの祖母に当たる大神である。

［活田の長狭の国］カツ田のナガサの国は、「天孫降臨」の記事の中ではニニギのミコトが、天降《あまくだ》った土地である。そこは、吾田（アタ）の長屋の笠狭（カササ）のミサキで、そこの王の「事勝国勝・長狭」という人物が迎えに出る。この遺跡は今の鹿児島県加世田市だということになっている。その『名乗り』には二つも「カツ」という国名が入っている。

吾田は阿多とも書くが、古代には「阿《ア》」の字は「可《カ》」の音に従って「カ」と発音されていた。また加世田も「カシタ」と発音され、「シをチ」と発音する沖縄語では「カチタ」となる。

どこからみてもこれは同じ国なのである。またここは「片平《かたひら》」という姓の発祥地でもある。「カタ」はここから様々に変化しながら全国に広がっていったのである。

稚日女のミコトはその「事勝国勝・長狭」を味方にした。でもそれはここでは重要ではない。あとの「天孫降臨」のところで詳しくお話しよう。

そこで皇后は南の紀伊の国《チヌ》（沖縄）へ行き、さらに「小竹の宮」に行く。この名はふつうは「シノ」の宮と読まれてきたが、もっと素直に「コタケ」と読んでみると、「oとe」のない沖縄の人は「クタカ」と発音する。今も「久高島」は沖縄神道の中心地で、女神官の「ノロ」が様々な神事を伝承していることで有名である。

八世紀のお遊びにだまされるな

こうして女性は戦場に出ず、戦いは武内宿祢《タケチ》と武振熊とが始めた。彼等は「山背」から出て「菟道（ウチ）」に行って、川の北に陣地をしいた。

「山背」これは従来「ヤマシロ」と読まれてきた。「背」がなぜ「シロ」と読めるのか、とだれでも思うが、これは「背中はカラダのウシロ」という「しゃれ」がもとになって生まれた八世紀のクイズ「字ナゾ遊び」の産物である。「山のウシロ」だから「ヤマシロ」というのが正解なのだ。だから三世紀にはこんな文字はない。

では語り部が「ヤマシロ」と覚えた文字はどんな字だったのだろう？　一〇世紀に書かれた『倭名類聚紗《わみょうるいじゅうしょう》』という百科辞典には、このヤマシロに対する当て字が三種類でている。当時、都のあった京都は「山城」と書かれている。これは八世紀の当て字ではない。それより後だ。

加賀の国（石川県）にもヤマシロがあるが、これには「山背」が使ってある。もう一つあるのは、阿波の国（徳島県）で那珂《なか》郡に「山代」がある。前の二つは当て字された時代がはっきりしているから、三世紀の当て字は、もうこれしかない。念のために南九州の地名を調べてみると、八代（ヤツシロ＝ヤッチロ）がある。

また古代に病気をなおすまじないとして、人の形を土器やワラや紙で作り、それを埋めたり流したりした。今も和歌山の加多神社などで行なわれる「ヒナ流し」行事だ。その人形《ひとがた》を古くから「カタシロ」と呼び「形代」と書いた。病人の「代理」という意味なのである。

また『記・紀』の両方に「事代主（コトシロヌシ）」という名が出てくる。これは古くからの神名なので変えられなかったのだが、これをみると『記・紀』の編集者は「シロ」の当て字に「代」を使うことを知っていたのである。『古事記』は［山代］と書いている。

それなのに『日本書紀』は、この「神功皇后紀」の「ヤマシロ」に限って、わざわざ、一番新しい「山背」を使っているのである。それは「本当のこと」を……これを［山代］と書いては「ヤマダイ」と読まれることを……「恐れた」ためだったのだ。しかし、それはついに破れた！　私たちはその戦いが、事実その「ヤマダイ」の「ウチ」で戦われたことを知っている。それはもうお馴染みの鹿児島神宮が鎮座している場所、今の隼人町・「内」なのである。

日本書紀に巧妙に隠されていた邪馬臺《ヤマダイ》国の存在

「神功皇后紀」のクライマックスは何といっても、女帝が敵を圧倒して政権をとったという部分にある。それはこの本で、過去にはだれも考えなかった展開をみせ、それがイチヨ女王によるヒミコ政権打倒だったことが、次第に明瞭になって、ついにここまできた。

だとすれば、どこかに必ず「邪馬臺」の名が入っていなければうそである。ところがそれに気づいた『日本書紀』編集者は、原型を削るわけにいかないので、苦心して八世紀当時に流行した「クイズ」によって生まれた当て字をうまく利用することに成功した。それは今、私たちに見破られてはしまったが、それでも彼等は「成功した」と言っていいだろう……。なにせ、それは千年もの永いあいだ、だれにも見破られずに来たのだから……。

だが私たちはついに見つけた！　それはまぎれもなく「ヤマダイコク」だったのだ。それはちゃんと「内」という現存する地名まで伴って、ちゃんと、「日本の正史」『日本書紀』の書かれるべき場所に一応はっきり書かれていたのである！

そこは「ヒメコ」とよむ「姫木山」のふもと、「ヒメゴソ」の語源である「姫城」の町に隣りあって……。今、「オオヒルメ」と「神功皇后」との双方にその子とされる「八幡」と「ヒルコ」を、主祭神とする鹿児島神宮のあるところなのだ！

「邪馬ダイ国」が正しかった

古田武彦氏の著書『邪馬臺国はなかった』（朝日新聞社刊＝一九七一年）という本の主旨は、「臺《ダイ》」という文字は、古代中国では皇帝のいる皇居とか宮城をさす言葉で、名前を卑弥呼と蔑まれた女王に使える文字ではない。陳寿ほどの人物が、そんな尊い文字を使ったとは考えられないから、これはまちがいにきまっている。だから『邪馬臺国はなかった、邪馬壹（イチ）国だけがあったのだ』

というものである。

しかし中国の古典として有名な『淮南子《えなんじ》』に、人間の位を次々に書いたものがある。それによると「臺《ダイ》」とは「最下級の奴隷」のことなのだ。古田説というのは論点自体が、漢字知識のとぼしい者の「単なる思いつき」にすぎないと、すぐ分かるのである。

だから「邪馬臺国はなかった」どころか「邪馬ダイ国」でなければ、いけなかったのである。もうお分かりのように「臺」というのは、卑弥呼の「卑」、邪馬臺の「邪」と同じく、当時の中国人が倭人を低く「見くだして」、わざと使った卑しい文字だった、というのが真相なのだ。「馬」にしても人を背に乗せたり、荷物を運んだりしてこき使われる奴隷以下の奴隷である。だから、いい字は一つも使ってないというのが真相なのだ。

今も地名は「大邪馬臺」のまま

「山代」から「ヤマイチ」でなく「ヤマダイ」の所在地が見つかった。しかし「代」も「永代橋（エイタイバシ）」などから、「タイ」と読めるではないか、というかたもありそうである。発音の問題は濁点一つでもナゾを解けなくするから、いい加減にはできない。

永代（エイタイ）という言葉は、永代供養（エイタイ・クヨウ）という言葉でもお分かりのように仏教用語で、それは先にお話したとおり、十世紀以後の宋代のものが入ってからの発音なのである。

『記・紀』が書かれた当時も、それ以前も「代」は「ダイかシロ」以外の発音はなかった。だからそれが当て字に使われた言葉は、まちがいなく「ヤマダイ」と発音されていたのである。

このことは単に「文字の年代による発音変化」だけでなく、その本体である「地名」そのものが「動かぬ証拠」として、現在も古代のまま、その場所に残っている。その地名とは鹿児島神宮の町・隼人町の心臓部の名である「内山田」なのだ。

これの発音は「ウチヤマダ」だが、これは次のような当て字と同じ地名だ。「宇治山田」。

この「治」は「自治省」や「治世」でお分かりのとおり「チ」という発音もあるからである。

この「ウジヤマダ」に沖縄〜大隅語の特徴である三母音語で当て字すると次のようになる。

「ウ＝大」「ジヤ＝邪」「マ＝馬」「ダ＝臺」。

これをつなぐと「大邪馬臺」。以前は日本も国名に「大」の字をつけて「大日本帝国」といったし、お隣りの韓国も正式名称は「大韓民国」であることはよくご存じのとおりだ。

それを邪馬臺国もやっていたのである。そしてそれが固有の地名として、遠く三重県にまで移動して、いまだに伊勢市に宇治山田という地名として残っていたのである。それが元の隼人町の「内山田」も伊勢の「宇治山田」もともに、「ウッチャマダ」「ウヂヤマダ」と濁って「ダ」と発音し続けている。

これは「イチ＝壹」でも「タイ」でもなくて「ダイ（臺）」が本当の発音だったという動かぬ証拠なのである。

だが『魏志倭人伝』には邪馬（壹）国は一回だけ出てくるが、邪馬（臺）国は全然出てこない。

それはなぜか？　と疑問に思われると思う。それはヒミコの死で「臺《ダイ》」の国が滅びて、「壹《イチ》」の国に変わったからである。これを頭に入れておかないと、「臺」と「壹」の文字の使い分けがヤヤコシク感じられて、「真相」が分からなくなる。ヒミコの死の前が「臺《ダイ》」、後が「壹《イチ》」で、歴史では一ばん大切なことなのだ。

第四章

「帯方郡から女王国まで一万二千余里」の正しい計算法

二つの姫木山　上・鹿児島県隼人と国分にまたがる姫木山のスケッチ。下・アダナ（古代ギリシャ領小アジア、イスケンデル・アレクサンドリアの首都＝現在はトルコ）にある山の写真。その形も大きさも鹿児島のものとソックリ。

間違うと南極を通り越してしまう!?

しかし隼人町といえば、九州本土の南のはずれという感じのところだ。卑弥呼は倭人連邦の女帝である。それがそんな辺ぴなところにいて、はたして倭国全体を治めることができただろうか。だれだって疑問に思う。

『魏志倭人伝』には、魏の帯方郡からそこまでの距離と方角が記載してある。なぜそんなところにいたかは後で考えるとして、この隼人町がその記載に合うか、まずそれから調べてみよう。

もうかなり有名な話だが、この『魏志倭人伝』に書いてある距離の単位「里《り》」は、同じ文字でも中国のものと大きく食いちがっている。それは中国の「里」に比べると、ムチャクチャにみじかい。それを「中国の里」だと思って、そのコースどおりにたどっていけば南極より向うに邪馬壹国《ヤマイチ》があることになる。これでは余りにもばかげているので、まずその「倭人の里」の一里をメートルに換算すると何メートルになるか、から研究しなければならない。

旅行案内書があるのにだれもたどり着けない幻の国？

この『魏志倭人伝』の「里」という単位は、ほかの単位の「里」と同じ文字なので混乱する。だから、私はこれを「倭人里」と呼び、現行の中国の里を「中国里」、魏の里を「魏里」と呼んで、今も我が国で慣用されている「四キロメートル一里」などとも区別した。

それまでは「大和だ」いや「九州北部の山門だ」というような、「地名を決め手だと錯覚した説」が明治の論争以来続いていたので、倭人里の一里は何メートルかといったことは、余り重視されなかったが、私が『魏志倭人伝』にある「道案内の記録そのもの」が本当の決め手だ、と主張して以来、いろいろな説が出てきた。しかし残念ながらその計算は「鹿児島ではない」という自説に合うように、なんとかして私（加治木）の計算が間違っていると証明しようと、「小細工」されているので正しい答からはほど遠い。

せっかく立派な「旅行案内」があっても、距離も方向も正しく進まない限り、記録された土地へは絶対に行きつくことはできない。だから、倭人里の一里がメートル換算で幾らかということは最重要問題なのである。

ではどうすれば「正確なメートル換算率」を出せるのだろう？　『魏志倭人伝』には沢山な

国名とそこへいく方角と距離の倭人里が記録されている。当時の国名は今の地名だから、その中で「間違いなく現在のどこだ」と、はっきり分かる国名が二つあればいいのだ。

定点を見つければメートル換算率がでる

『相対性理論』でお分かりのとおり、ものは「定点」があって初めて測定できる。その定点が二つあれば、その間をメートルで計った距離と「倭人里」を比較すれば、すぐ正しい換算率がでてくる。問題は、そんな土地が見つかるかどうかにかかっている。

ラッキーなことに『魏志倭人伝』の中に、その国は「現在のどこ」とはっきり確実に分かり、その大きさもしっかり測定でき、しかも二つ並んでいるすばらしい国がある。

それは現在と全く同じ名前で書いてある「ツシマ（対馬）国」と、名は少し違うが例の沖縄発音で「イティ国＝イチ国」と読めるので確かに今の「イキ（壱岐）の島」のことだと分かる「一大国」とである。島の大きさは三世紀当時も今も、ほとんど変わっていないし、さらに、この二つの国はどちらも島であるために、その境界線がはっきりしている。だから非常に正確に、島と島のあいだの距離を測ることができるのである。

しかも朝鮮半島からこの対馬と壱岐とマツラ（末盧）国の間の間隔が、三つとも、それぞれ

「千余里」と記録されている。これもまた一〇〇〇というスッキリした数字で端数がないので、単位としての計算が楽で助かる。

もう一度念をおすが、距離をはかるのに最も大切な条件は、はっきりした出発点と到着点である。一定した二点間を計ってはじめて正確な距離が分かるのであるから、『魏志倭人伝』の他の国々のように、その位置も国境も大きさも分からなくてはどうしようもない。だから、この二つの国は『魏志倭人伝』のナゾをとくうえで、重要で貴重な「定点」になったのである。

九州の外には出られない残りの距離

その二つの定点は、ただ単に倭人里の「メートル換算率」を割出すために役立つだけでなく、もっと広い意味の定点としても役立つ。朝鮮半島と九州との中間にあって、双方の位置と距離を対比すれば、『魏志倭人伝』が記録した「倭人の居住地」とは、九州のことであって、近畿でも、ジャワでも、エジプトでもないことは、一目で分かるからである。

『魏志倭人伝』はその行程を「帯方郡から女王国まで一万二千余里」あると明記している。計算してみると帯方郡《タイホウ》から末盧国《マツラ》まで、ちょうど一万里で、残りは二千余里しかない。これは引返せば対馬までしか行けない近い距離である。仮に邪馬壹国への方角が南でなくて「東へ」と書いてあったとしても、末盧国が九州北部なのだから大分県の国東《くにさき》半島より、そんなに遠くではない。これまでいわれていた「大和説」というのが、どれくらいでたらめな説だったか、簡単明瞭に証明している。これで定点というのがどういう役割を果たすものか、よくお分かりいただけたと思う。

倭人里の一里は五五メートル

では対馬国と一大国の二つの定点を使って、「倭人里のメートル換算率」を割出してみよう。この場合疑問なのは、国は広いから、どこからどこまでが千余里なのかという点である。この答は『魏志倭人伝』の記事と地図とを見くらべてみると出る。

ヒントは「朝鮮半島～（千余里）～対馬国～（千余里）～一大国～（千余里）～末盧国」と、三つの距離が三つとも「同じ距離」になっていることである。

もしこの千余里に国の大きさが含まれているとすれば、対馬と壱岐とではずいぶん大きさが違うから、三つとも同じ距離になることはない。それが同じだということは、この距離は国の大きさを含まない距離。すなわち海上の距離、もうすこし分かりやすくいうと「港から港まで」の距離だということを示している。

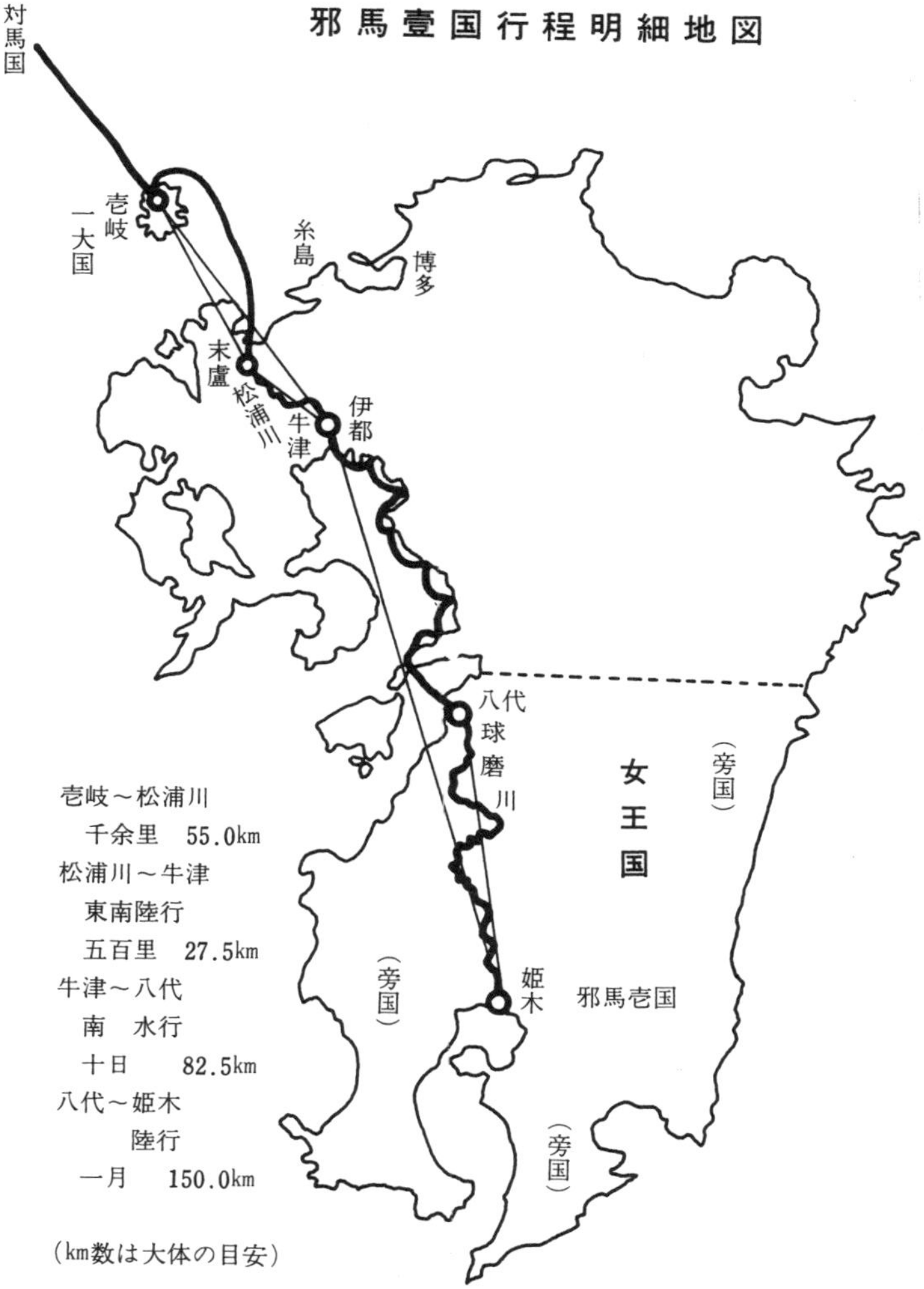
邪馬壹国行程明細地図
対馬国
壱岐
一大国
糸島
博多
末盧
松浦川
牛津
伊都
八代
球磨川
女王国
（旁国）
（旁国）
（旁国）
姫木
邪馬壱国
壱岐～松浦川
千余里　55.0km
松浦川～牛津
東南陸行
五百里　27.5km
牛津～八代
南　水行
十日　82.5km
八代～姫木
陸行
一月　150.0km
（km数は大体の目安）

それは原文にもはっきり書いてある。

「初めて一つの海を渡ると千余里で対馬国に至る」「また南に一つの海（瀚海《カンカイ》）を渡ると千余里で一大国に至る」「また一つの海を渡ると千余里で末盧国に至る」

皆、千余里が「海上の距離」であることを、「渡る」という言葉で表示している。

そのことは地図をみてもよく分かる。朝鮮半島の南のはしから対馬までの「最短距離」と、対馬から壱岐の今の主な港どうしの「最短距離」とを見くらべてみると、ほとんど同じ距離だ。

ところが次の壱岐と末盧（佐賀県から長崎県にかけて、北の海岸線は全部「松浦（マツラ）」である）の間はこれにくらべるとややみじかい。

これは伊万里湾の奥深く、伊万里《イマリ》川まで入ったか、または唐津《からつ》のほうへまわって、川幅の広い松浦《マツラ》川を川奥まで入ってから、さらにかなりさかのぼって上陸したものとみると、他の二カ所と同じくらいになる。

もちろん原文が「…余里」とあいまいに書いてあるのだし、三世紀の外国人「魏の帯方郡の使者」が、いちいち測量して書いたとは思えないし、土地そのものが人間が計って、千里ずつの場所に港を造ったわけでもないから、多少の長短があるのは当たり前である。

三つの等距離が、ほぼ倭人里の千里なのだから、そのうち一番間隔の測りやすい対馬と壱岐《いき》の間を測ってみると、対馬の首都である厳原《いづはら》港と、これと向かいあっている壱岐の表玄関である勝本港との距離は約五五・六キロメートルある。これが千余里なのだから、千で割ると「約五五メートル」。これが倭人里の一里と同じ距離。すなわちメートル換算率なのである。

壮大な古墳時代の「倭人里」遺跡

でもこの約五五メートルに当たる倭人里は、実はまだ大きな証拠群をもっている。それは三世紀以後の「古墳時代」になっても、なお日本の重要な尺度だったことが、私が昭和二年（一九三六）に発見した「古墳直列理論」によっても立派に証明されたのである。

その年、奈良県の葛城山に登った際に、多数の古墳が直線で結ばれている事実を発見して、引き続いて研究していった結果、その古墳は壮大な測量によって、相互間の距離が決められており、その距離単位が今のメートル単位に非常に近いことを発見して、古代日本人の文明が、どんなに高かったかを知ったのである。

代表的な実例を挙げると、堺市にある仁徳天皇陵と、羽曳野《はびきの》市にある応神《おうじん》天皇陵との距離は一一キロメートル。その同じ直線上にある崇神《すじん》天皇陵と応神天皇陵との距離は、ちょうどその二倍の二二キロメートル。さらにその直線をはるかに東に伸ばした線上にある伊勢神宮の古社地まで、仁徳陵から一一〇キロメートルある。お気づきのとおり、すべての遺跡間の間隔が全部五五メートルの倍数になっている。

一一キロメートル ÷ 五五 ＝ 二〇〇倭人里 （仁徳陵↕応神陵）
二二キロメートル ÷ 五五 ＝ 四〇〇倭人里 （応神陵↕崇神陵）
一一〇キロメートル ÷ 五五 ＝ 二〇〇〇倭人里 （仁徳陵↕伊勢神宮古社地）

の地点に建設されたということであって、お分かりのようにすべてが倭人里を使った測量遺跡だったのである。

その後、調査が進むにつれ同じ性格をもった遺跡が全国的に分布していることが分かったが、邪馬壹《イチ》国の遺跡である鹿児島県の姫木を中心にした地域では、この倭人里測量の遺物として、小さな神社群が残っていること、そのメートルとほとんど一致する尺度の単位は、シュメール文化にまでさかのぼるものであることなどを、南日本新聞に連載したことがある。

この古代測量文化について、ここでこれ以上お話していては脱線するから、ご興味のある方は拙著『カラーブックス・日本人のルーツ』（保育社刊・一九八三年）を御覧いただきたいが、倭人里一里が約五五メートルであることは、こんなふうに大量の証拠が揃っているのである。

東南へ陸行五百里にある伊都の港は佐賀県の牛津

では帯方郡の使者が上陸したところは、伊万里か、それとも松浦川だったか？「伊万里」の「マリ」は朝鮮語の「頭」である。だからそれを入れ換えると「伊頭」になる。これは「イトウ・イッ・イヅ」と読める。イトウは「伊都王」。イッは「伊都」。イヅは「伊豆」であるから、『魏志倭人伝』に「末盧国から東南、陸行、五百里、伊都国に到る」と書いてあるのは、ここでまちがいなさそうに見える。

しかし、そこは港であって、最初の上陸点の「末盧国」のはずである。伊都国は、さらにそれから「東南へ、陸上を行って五百里のところにある」のだ。そして伊万里から南へ行く道はあるが「東南へ」行く道はない。

また『魏志倭人伝』には「伊都国から南に、水上を二十日行けば、投馬国に至る」といい、「南に、水上を十日行って、陸上を一ヵ月行けば、邪馬壹《イチ》国に至る」という。これは伊都とは南へ水行（船に乗っていく旅）できる土地なのである。伊万里は南は陸地で、とても南へ「水行」はできない。

だから伊万里は伊都国の一部ではあったが、それは北の玄関口で、南の玄関口は別にある。

そこでもう一度「末盧国」にもどって、今度は「松浦川コース」を点検してみよう。

松浦川は河口近くで「く」の字型に大きく曲がり、河口からそこまで入江状に広くなって、かなりの大きさの船でも入れる。また川自体が正確に東南から西北に流れているので、川沿いに進めば『魏志倭人伝』どおりに行ける。今は鉄道が走っているコースである。

そしてさらに、その屈曲点から東南へ「五百里」＝二七・五キロメートルの地点には、いま牛津という町がある。ただ問題はそこから南も陸地で、とても船出はできないことだ。

だが先にみた大阪の難波《なにわ》が、当時は海の中だったという実例もあるから調べてみると、そのすぐ南にせまっている有明海北岸は、三世紀頃には牛津まで海岸だったが、その後次第に海退が進み陸地が増えて現状になった事実を、自然地理学が明らかにしていたのだ。だから『魏志倭人伝』が書かれた当時は牛津は港で、それに記録された伊都国の条件に全てぴったり合う。この有明海は松浦郡より南では、九州北部では唯一カ所の真南に船出できる内海である。

すべてが『魏志倭人伝』の条件にぴったり合っている。

壱岐からの千余里に完全に一致する松浦川の上陸点。そこから「東南陸行五百里、到伊都国」とある通りの距離に、「南へ水行」できる北部九州唯一の内海があり、その地点にその名も港を意味する「津」のつく名の「牛津」という土地が現存していたのである。

「数字」でできた倭国連邦の国々！

しかし伊万里と違って、この「牛津」は、どうみても伊都と関係がありそうにない？　という心配はいらない。そのわけはこうだ。

ヒミコのナゾに限らず、学問というものは、あらゆる角度から徹底して研究を進めなければならない。邪馬臺国についても文字一つおろそかにしてはならないことは、先の『邪馬臺国はなかった』はなかった！　というエピソードでも、よくお分かりいただけたと思う。

だから『魏志倭人伝』が記録されている倭国連邦の国々の名についても、あらゆる角度から調べてあるが、それらの国名はどんな意味をもっているかと調べた結果、そのうちの幾つかはまちがいなく「国名が数字でできている」という結論が出たのである。

私たちが毎日、使っている数をかぞえる言葉は、ふつう「イチ、ニ、サン……」が多いが、それは中国系の言葉だということに、お気づきだろうか。

そのイチ・ニ・サン……が使われる前には、「ヒー、フー、ミー、ヨー……」が使われていた。だから日本語の数詞は「二本立て」なのである。この「ヒー、フー、ミー、ヨー……」に合う国名を見ていただこう。（例「卑はピー」と書いてあるのはカールグレン氏の古音）

（『魏志倭人伝』にはないが、確かにある国名は〔　〕してある）
一［ヒー］〔日〕…参考＝卑弥呼。卑はピーで、後世の「ヒー」。関西では日はヒー。
二［フー］不弥・不呼…弥は前、呼は後。豊前・豊後。不はプーで、後世の「フー」
三［ミー］弥奴　三間・三潴　弥はミーで「ミ」ではない
四［ヨー］〔与那国〕
五［イツ］伊都　五馬山＝イツマヤマ＝伊都国山『豊後国風土記』
六［ムー］
七［ナー］奴　七山村＝ナナヤマ＝奴の山
八［ヤー］邪馬　八幡＝ヤワタ　ヤマ＝八国
九［コー］狗奴　九七峠＝クナトウゲ＝熊本県球磨郡と鹿児島県境にある峠
十［トー］投馬　十島村＝トシマ村＝ジットウソン
一と四と六がないのは、別の意味がある。それは後で詳しくお話する。

どうして「イツ」が「ウシヅ」に化けたか？

このうち「五」が問題の「伊都国」である。この数字が国名だったことが分かったことで、それが「イツ国」と発音するのが正しいと確認できた。

これは他の国名でも同じことがいえる。

その統一した国名は国の順位を表している。その五番めの国が「イツ国」と呼ばれていた。当時の倭人が「イツ」と発音していたから、帯方郡使がその発音を「伊都」と当て字で写しただけである。

「都」の字は「ト」だから「イト」が正しいと主張して、「伊都は福岡県の糸島郡だ」という説があったが、三世紀の国名と、後世に移動して発音が変わった地名とをゴチャ混ぜにした思いつき説で、こんな説が安易に発表されると、正しい答の発表を妨害し、真相を破壊し、消滅させてしまう。

伊都国が五番目の国だったから、それは当然「五」と書かれていた。それが後世になると住民が変わり、政府も邪馬臺《ダイ》国ではなくなって、小国は統一されて、その国名がただの「地名」になった。

伊都も「五津」と書かれるようになり、また読み方もドンドン変わっていった。

そして五津は「ゴヅ」と読まれるようになった。そしてその「ゴ」も、五の字から「牛」の字の「ゴ」に変わったのである。それがまた千年もたつうち「ウシヅ」と読まれるようになり、三世紀の「伊都国」は完全に行方不明になってしまったのだ。

牛津を朝鮮語で呼んだ名残り

ここで注意がいるのは、その「ツ」の字が「都」でなくて「津」であることだ。津は港をさす言葉である。だからここが「南へ水行する（船で行く）伊都国の南の玄関口」だったことはまちがいない。『魏志倭人伝』には、そこには諸国に恐れられた「一大率」という役所があり、女王の使者も帯方郡使も例外なく、全ての荷物を「津にのぞんで（港のそばで）捜索（検査）された」と書いてある。

見逃せないのは、「一大率」のその最大の任務である「臨津捜露」の「捜す」という言葉と、現在の県と市の名前「佐賀」が共通していることである。この地名と同じ発音の「サガ」は全国にあるが、その大半が古代の海陸交通の要所か、関所に当たる位置にある。だから今の佐賀市は、その一大率の本部があった伊都国の首都だったのである。

また九州北部は古来、朝鮮半島との往来がはげしく、今のような別の民族といったばかげた意識はなかった。言葉も相互に入り混じって、互いに方言どうしで話すくらいの感覚だった。朝鮮語では牛を「ソ」と発音する。「率」を私たちは「ソツ」と発音する。これは牛津と同じ発音だが、本当は「率」は上古音「シュッ」で一大率は「イタィシュッ」。これは「到る宿」

の九州ナマリで、その仲間には福岡の「到津＝イトウズ」や各地の「板宿」などがある。

「直進説」と「放射状説」はどちらが正しいか

郡使たちは末盧国で上陸後、東南へ五百里歩いて伊都国へ着いた。この伊都国は「帯方郡使が倭国へ来た時いつも滞在する所だ」という。『魏志倭人伝』は、これに続けて「東南、奴（ナ）国に至る。百里」。「東行、不弥（プーミ）国に至る。百里」。「南、投馬（トーマ）国に至る。水行二十日」。「南、邪馬壹（イチ）国に至る。水行十日陸行一月」と書いてある。

学者の中には、これも帯方郡から伊都国までの、これまでの道のりと同じく、邪馬壹国までのコースだと「伊都国～奴国～不弥国～投馬国～邪馬壹国）の順に進むのだという人がいた。この説を「直進説」または「続進説」という。しかしこの説は、

①　水行不能　港の伊都国にやっとついて、さあ船出しようと荷物の検査を受けたのに、船には乗らずに奴と不弥まで陸上を歩くというばかげた説だ。内容を理解していない。

②　距離不足　伊都国から女王国までは、あと千五百里しか残っていない。それなのに、奴国へ百里、不弥国へ百里、残り千三百里＝約七〇キロメートル（自動車なら約一時間で行ける距離）を、二カ月（水行二〇日＋一〇日＝三〇日＋陸行一月）もかかるという説なのだ。

③　距離・方角の表現方法　伊都国までは、「度一海千余里、至末盧国」「陸行五百里、到伊都国」というふうに「何里進んで○○国に着いた」という書き方だが、奴国以後は右のとおり「どちらの方角に○○国がある。そこまでは○○里だ」という書き方をしている。

帯方郡使は伊都までしか行っていないから、郡使が通った道の報告ではなく、伊都国滞在中に倭人に聞いた知識で、「伊都国から見た各国の方角と距離との覚え書」なのだ。

これは伊都国を起点にして放射状に進むというので、この説を「放射状説」と呼ぶ。

④　表記法の違い　気をつけて読むと、その説明文には「至」という字と「到」の字とがきちんと使い分けてある。「到」は狗邪韓国と伊都国だけに使われ、「至」は他の国ごとに使われている。「到」は到着という意味で終点だが、「至」は単に「そちらへ行けば××へ行く、という意味。だから伊都以後は「そっちには××国」という道案内だけだという意味の文章で、これも伊都国を起点にして「放射状」に読め、ということを「書き分け」で指示している。

⑤　道案内のしかたの違い　伊都国以前は「又　南度一海」と「又」という接続詞を使うが以後は使わない、という点をあげて「放射状」の正しさを証明したものもある。こんなに相違点が見つかるのは、すぐ証拠をお目にかけるが、伊都国の前と後の記事が別の報告書のもので、それを陳寿がそこへ挿入した証拠なのである。これらの例は文章というものは、前後で矛盾がなくなるまでよく読まないとどんなことになるか、というサンプルでもある。

『廣志《こうし》』逸文による放射状説の証明

それをもっと具体的に証明するものがあるのだ。それは陳寿の『魏志』よりも先に書かれた魚豢（ギョ・キワン）の『魏略《ぎりやく》』の一部を引用したという、晋の郭義恭（カク・ギキョウ）の『廣志《こうし》』逸文である。それには「……到伊都国　又　南　至邪馬壹国。自女王国以北……」とあって、他の国は一つも挟まっていない。だから

①　伊都国から直接、邪馬壹（イチ）国へ行くのが正しいこと。
②　伊都国から見て、南に邪馬壹国があること。
③　そのもう一つの理由は、邪馬壹国を含む国々の総称である「女王国」が、伊都国その他から見て南にあるからこそ「女王国以北」と書くことができたということ。
④　伊都国からすぐ邪馬壹国で、奴国、不弥国、投馬国の三国はない。
⑤　だからこの三国は邪馬壹国へ行くコースに入れてはいけないこと。
⑥　だから「直進説」は誤りで、「放射状説」の方が正解に近いこと。
⑦　だから「南へ水行」するのは伊都の牛津港から以外にないこと。

などが疑問を残さずにはっきり理解できた。南に海も川もない福岡県糸島郡の前原などから、

「南へ水行する?」といったばかげた説に、悩まされる必要はもうないのである。

すべて合理的な邪馬壹国に至るコース

もう一度最初から振りかえってみると、帯方郡から船で来たのに、末盧国でその船を降りて上陸し、五百里も歩いて、また船に乗る。この一見奇妙な行動の目的が、九州本土と島原半島にかこまれた有明海へ出ることだったことは、もうお分かりいただいたと思う。幾ら三世紀人でも、それには合理的な理由があったはずである。なぜそんな面倒な内海コースを選んだのだろう?

こんどは、その理由を考えてみよう。赤道から日本に向かって北東に流れる海流は、九州本土にぶつかって黒潮と対馬海流に分かれる。古代の人々の航海感覚からすれば、九州は北上する激流に包まれている感じだ。それに外洋は台風などの被害も恐ろしい。

それに比べると有明海の内海コースは、海流に逆らって進む苦痛もなく、暴風でもすぐ近くの入江に避難できる。北へ行くには外海の海流に乗った方が楽だが、南へ行くには、この内海航路に限ることはだれでもすぐ分かることである。

重い荷物を担いで歩く五百里の苦痛も、外洋を南航する困難と危険に比べれば、はるかにましだから、松浦川～牛津コースを選んだのは、ごく自然な選択で、別に奇妙でも何でもない。それにこのコースは狭い松浦回廊を横切るだけの、九州北岸から有明海へ出る最短コースで、しかも「水と魚付き」の松浦川ぞいというありがたい恵みの道だったのだ。だからこそ壱岐から海流に逆らってまで松浦めざして進んだのである。その目標は最初から牛津であり、牛津はさらに南にある邪馬壹国へ向かって船出するための港で、このコースこそ隼人町の邪馬壹国へ行く、最も安全で最も近い、ただ一つのコースだったのである。

かつて騒がれた「大和説＝畿内説」が正しいのなら、朝鮮半島の東岸から、海流を利用して日本海を斜めに進めば、何の苦労もなく短時間で近畿に着ける。朝鮮半島の西岸から出発して、大変な危険を犯し、重い荷物を担いで苦労を重ねて、牛津の伊都国へ大回りする必要などない。「宇佐説」もまた同じことである。宇佐へはさらに速く、楽に直行できるのである。

「水行十日」さらに「陸行一カ月」で目的地に着く

帯方郡使の記録どおり進むと、全く何の不合理もなく、伊都国は今の牛津であることが証明された。そのコースはどこからみても合理的で、三世紀の倭人が高い知性の持ち主だったことを物語っている。

伊都国の正確な位置は分かった。次は邪馬壹国である。問題なのはその距離が倭人里ではなく、「水行十日、陸行一月」という表現になっていることである。これについては、①「船で十日行って上陸し、そこから一カ月歩くと邪馬台国につくと読むのだ」という説と、②「いや、船で行けば十日かかり、陸路を行けば一カ月かかると読むのだ」という二つの説の論争があり、まだどちらも決まっていない。

しかし私たちはもう邪馬壹国の正確な位置を先に知っている。そこは鹿児島湾北部の隼人町なのだ。そこへ船で行こうと思えば行けないことはない。有明海は鹿児島県西部までで終わり、それから先は外海へ出なければならないが、薩摩半島の先端をまわって鹿児島湾に入れば、隼人町まで船で行ける。

だがこれは危険な外海の強い海流に逆らう航行だし、黒の瀬戸という難所がある。当時の船ではとても十日では行けない。とすれば①の方が正しくて、倭人たちは内海を船で十日行ってどこかへ上陸し、そのあと一カ月歩いたことになる。

では一体、その上陸点はどこだろう?

昔も今も、旅行はできるだけ最短距離をとるのが理想だ。だから牛津と隼人とを直線で結んでみれば、その上陸点と陸行のコースの見当がつく。

上陸点は球磨川の河口だった

その直線は有明海を斜めに縦断すると熊本県の八代《やつしろ》市附近に上陸し、曲折する球磨《くま》川をぬってはるか上流の人吉《ひとよし》市附近を通り、山道を下って鹿児島県の始良《あいら》郡に入り、栗野、牧園と霧島山の西のふもとを山道をくだり隼人町につく。

私は戦前、このコースを実地に繰り返し歩いて調査したが、球磨川は「日本三急流の一つ」で山道は急で苦しい。倭人たちはこんな道を本当にメイン・コースに選んだのだろうか？

それを確かめるために「水行十日」とは、メートルに換算して幾らになるか検討してみよう。『魏志倭人伝』には「自郡　至女王国　万二千余里」とあり、伊都国までが一万五百余里で、女王国までは残り千五百里であることはもうみた。これに五五を掛けてメートルになおすと、八二・五キロメートルになる。これは大体の目安にすぎないが、牛津から八代までの直線距離とごく近い。いうまでもなくこれは船で行く「水行十日」の距離である。やはり上陸点は八代附近だったことを示している。

ここで注意しなければならないのは、八代は邪馬壹国ではなくて、女王国だということだ。なぜそんなことをわざわざ確認するのかというと、従来の論争ではその区別があいまいで混乱していたからである。

一例を挙げると、「放射状説」の一つである榎一雄説は「『トウ（唐）六典』は一日に五十里行くきまりで一カ月だと千五百里。これは邪馬台国までの陸行一月の行程と一致する。だから「水行十日、陸行一月」は、この千五百里は水行でも陸行でもどちらでもよくて、船なら十日、歩けば一カ月かかるということだ」というのである。

この説が正しいとすれば女王国も邪馬壹国も同じもので、八代が邪馬壹国だということになるが、はたしてそれでいいのであろうか。

八代は確かに邪馬臺という文字を、ヤマダイと読んだものによく似ている。八国と書けば「ヤマ」と読めるから、八はその省略で代は臺の変え字であった可能性はある。しかし国も地名も移動し、分裂するものなのだ。この問題はもっと深く検討してみる必要がある。

女王国と邪馬壹国は同じではない

卑弥呼が君臨していたのが邪馬臺（ダイ）国一カ国だけなら、邪馬臺国と女王国は等しいが、伊都国の説明のところに「女王に属す」と書いてある。これは「別の国だが女王国の仲間だ」か、「女王国に従っている」という意味である。これと、二十一カ国の国々の名を挙げた後に

「此女王境界所尽（ここが女王国の境界だ）」とあるのをみると、明らかに邪馬臺国以外の国が女王の支配下にあり、邪馬臺国は一カ国だが、女王国は複数の国を総称した「連邦」を呼ぶ代名詞であることが分かる。

また「邪馬壹（イチ）国は女王の都するところ」という説明をみると、邪馬壹国というのは首都で、一種の都市国家（一つの都会）であり、複数の国からなる女王国全体ではない。

また「女王国から北にある国（伊都国まで）は戸数や道程を簡単に書くことができたが、その他の旁国（ボウコク＝重要でない国々）はそれができない」というのも、女王国の「境界（すなわち八代）から北と南」にそれらの複数の国々があるという意味で、一都会にすぎない「邪馬壹国」の中に、二十一もの国々があるというような非常識な話ではない。

その「女王国から北」と対照的に、「女王国の境界の尽きる所」の南には「女王に属さない狗奴国」がある。だから旁国二十一カ国は女王国の北にも南にもなく、女王国と同じ所、すなわち女王国の中にあるのである。女王国は今の府県サイズのもので、邪馬壹国は都市サイズのものと考えるとすぐ分かる。もちろんその中に都である邪馬壹国も含まれている。

八代はその広い女王国の入口に当たるので、帯方郡使は女王国全体を単位にして、そこまでの距離を「郡から万二千余里」と書いたのだ。だからまだ邪馬壹国へついたわけではない。『魏志倭人伝』はこの点を、厳密に「女王国」「邪馬壹国」と書き分けているのであって、八代から首都の邪馬壹国へはまだ「陸行一カ月」の距離がある。それなのに榎氏は「水行十日でも陸行一月でも邪馬台国へ着ける」という間違った結論を出している。

それは二つの国名を、同じものと頭から思いこんで、「女王国まで万二千余里」とはっきり書いてあるものを、自分で勝手に「女王国」を「邪馬台国」（これも本当は「邪馬壹国」なのだ）に、原文とは全然、違ったものに書き変えてしまっているためである。

なぜ伊都国以後は日数表記なのか

八代附近が女王国の入口になるとそのコースは、やはり球磨川ぞいの道しかない。なぜならここから鹿児島県に入る南行きの道が、もう一つ不知火海ぞいにあるが、そこには三太郎峠という有名な難所がある。また、どうせ海ぞいに行くのなら何も八代で上陸しなくても、もう何日か水行して鹿児島県の西海岸に上陸すればいい。そうすれば球磨川コースよりずっと楽に早く隼人に着ける。どんなにゆっくり進んでも、とても一カ月もかからない。「水行十三日・陸行十日」ぐらいでいける。

ところが帯方郡使はその楽な道ではなく困難な球磨川コースを記録している。あれほど合理的な旅を続けた倭人が、なぜここへきて急に、そんなに不合理なコースを選んだのだろうか？

この疑問に答えてくれるのは、この部分の距離が倭人里でなく、日数表記になっている点である。

初めてやってきた帯方郡使たちは倭人里を知らない。記録された倭人里は全て倭人に聞いて書いたものである。当時の中国の外交使節は教養の高い人物が選ばれて、重要な情報はよく調査して、必ず報告書が提出された。とすれば、この部分だけ日数表記になっているのは、倭人が「倭人里の距離」を教えなかった、ということになる。

なぜ教えなかったのであろうか。それは戦乱の『三国志』当時の国際情勢を知っていれば自然に答は分かる。

「魏という国」は信用できる相手ではなかった。蜀《しょく》の国を滅ぼし、それまで遼東《りょうとう》から朝鮮半島までを支配していた「燕《えん》」の公孫《こうそん》氏を、不意討ちして滅ぼし、いままた高句麗を攻めている、という非道な行為が連続している時である。卑弥呼が難升米らを派遣したのもそれが動機なのであり、帯方郡使らを伊都国で止めたのもその一つの現れである。

首都「邪馬壹国」が辺ぴな九州南端にあるというのも、侵略から身を守るための防衛策だ。全てが異常な厳戒体制下にあったから行程も教えなかった。だからこの部分に限って日数表記になり、一見、奇妙な球磨川コースになって記録された、とみるのが合理的である。

山越え一カ月の「球磨川コース」の利点

一見不合理に見えた球磨川コースは、後漢帝国の崩壊後、魏、呉、蜀の三国が三つ巴になって争い、それまで倭の宗主国だった燕を魏軍が急襲して滅ぼすという、卑弥呼らにとって未曾有の大動乱時代の、歴史的背景からくる非常時対策が生み出したものなのだ。

異常といえば卑弥呼に贈られた異様に豪華な贈り物も、それによって魏人を倭の首都に入れようとする魏の情報収集作戦の一環であった可能性がある。窮地に追い込まれた卑弥呼らが打ち出した次善の策が、山越え一カ月の難コースという非常手段であった。

それは帯方郡使がおとなしく伊都国で止まってくれたので実現せずにすんだように見えるが、コースを聞かれた倭人は、それを教えないわけにいかないので、具体的な国名やルートや距離でなく「水行十日、陸行一カ月」という、ぼんやりした所要日数だけを教えたのである。

『三国志演義』などにみる諸葛孔明《しょかつこうめい》や魏の曹操《そうそう》らの虚々実々の知恵比べは、当然の事ながら卑弥呼の周辺にも、直接渦巻いて押し寄せていた。倭人だけ例外ということはなかったのである。

だがそれなら例えば外洋をまわるといった手もあったはずである。それを避けたのは外洋は余りにも危険過ぎたためとみるほかない。

それに帯方郡使は厄介な相手ではあっても、表向きはあくまで友好国の大切なお客様である。見え透いた小細工は反って逆効果を招く。余り危険すぎるコースで遭難でもされては、それこそ魏に攻めこむ口実を与えることになり、何のために難升米らをわざわざ使節として派遣したのか分からなくなる。また使者が死んでしまっては邪馬臺（ダイ）国が難攻不落の国だという情報が相手に伝わらない。

だから絶対に安全で、しかも難コースのイメージを与えるコースが必然的に選ばれたのだ。その条件なら球磨川は天の恵みに満ちたコースだった。水と魚貝と山芋、木の実などが豊富で、それを焼いたり暖をとったりする薪も幾らでもある。大量の荷物を運ぶ大勢の供をつれての旅には、当時最上のコースなので、常に川ぞいの道が選ばれた、ということも事実である。

「水行・陸行」の現地体験

伊都国から出発して邪馬壹《イチ》国に至る「水行十日・陸行一月」とはどんなものだったか、はたしてその日数は事実かどうか、ここで現実的に計算してみよう。

伊都国（牛津）を出発した船は十日がかりで女王国境（八代）に着く。この距離を十日というのは少し日数が掛かり過ぎているように感じると思う。しかし後世の『延喜式《えんぎしき》』「主計上」

を見ると、備前《びぜん》の国（岡山県）まで京都から海路九日と決めてある。一〇世紀でもそんな有様だから、似たような距離の牛津〜八代間の十日は三世紀では、通り相場だと言っていい。

八代で船を降りて、そこから球磨川ぞいに山道を現在の人吉まで登り、いまＪＲの肥薩《ひさつ》線が通る道筋をたどって下ると鹿児島県に入る。それは霧島山塊の西のふもとで、さらに南下すると、ついに隼人町すなわち目的の邪馬壹国につく。

この間が「陸行一月」と書かれているのだ。現在ならＪＲで数時間の距離だから、一カ月はいくら何でも「長すぎる」と感じるのもむりはない。

しかし当時から一六〇〇年たった幕末でも、いま新幹線で三時間の東京〜京都間を、一カ月前後もかけて旅したことを思えば、それほど無茶な日数でもない。幕末の東海道には五十三次の宿場があって、食事と宿泊設備が完備していたから、ただ歩くだけでよかったが、三世紀の球磨川コースは、道々、木に登って木の実を捜したり、山芋を掘ったり、魚を釣ったり、獣や鳥を追いかけて弓で射たり、ワナを仕掛けたりといった、採集と料理という大変な仕事がついてまわった。それは旅行するというより、狩猟や食物採集に出掛けたといったほうが、ずっと分かりやすいような、今では考えられない厄介な日々だったはずだ。

それに、有るかないかの山道を、山賊を警戒しながら重い荷物を担いで登るのである。自然と足は遅くなってしまう。一カ月というのはおよその数字だが、現地へ行って地理条件を自分の眼で見ると、それくらいかかっても不思議ではないということが実感できる。

姫木山は日本のシナイ山

幕末の歴史学者に鶴峯戊申《つるみねしげのぶ》という人がいる。彼も卑弥呼の邪馬臺国は姫木だといった。その地域は、いまは隼人町と国分市に分割され、現地に行ってみると想像以上に広大で、その中央に姫木山が急峻な絶壁に囲まれて聳えている。その姿はモーゼが十戒を授かったというシナイ山によく似ていて、いかにも別世界の仙境を思わせる山城跡である。

ここを邪馬台国だとした学者はまだ他にも幾人もいる。吉田東伍は明治二十六年、その著書『日韓古史断』の中で、「卑弥呼は熊襲の女酋である」として、「その都は高千穂西麓にある皇孫・ヒコホホデミのミコト（彦火火出見の命）の旧都［高千穂の宮］であり、神武天皇がここから東征したあとはソオ（曽於）隼人族の本拠地になり、卑弥呼を共立して女王とした。その居城はヒメキ（姫城）。その古跡はいま隼人城の北、姫城村にある」と指摘した。

また明治初年に神武紀元を修正した那珂通世《なかみちよ》も、大正四年に出た遺作集『那珂通世遺書』の中で、「邪馬台女王は南九州にいたクマソ（熊曾）の女酋である。ソオ（曾於）郡に住んだ族類は最も強くて熊曾と呼ばれ、九州北部の国々までその威令を奉じた。「女王之所都」は曽於郡清水郷に姫木城という城が在ったと伝えられている。姫木は「姫の城」で女王の伝説に関係のある地名であろう」といっている。

前にもお話したが木の古音は「コ」だから姫木はヒメコ。沖縄発音だとヒミグァ。双方とも卑弥呼という当て字の古い発音とぴったり一致する。地名が先か、呼び名が先かは別として、この二つが切り離せないものであることは否定できない。

卑弥呼という称号をもった女王がいたという多くの証拠が見つかった位置に、まったく同じ発音の地名が残り、その地形や環境もまた『魏志倭人伝』に記録された多くの条件に、完全に一致している。これ以上の候補地は、これまでに山のように発表された『邪馬台国論』でも、だれ一人発表していないし、また私自身も世界中の、それらしい地名の土地や、他の学者の説の土地を調べてみたが、それは一つとして捜しだすことはできなかった。

動乱の東アジアで南九州は堅城

明治の末、京都帝国大学の教授・内藤湖南が「伊支馬は垂仁天皇の御名代《みょうだい》か、海外にまで名を知られた大女王は帝室以外にありえない」という「理由」で「大和説」を主張し、それに対立した「九州ヤマト説」も「それほどの大政権が辺ぴな所にあるはずはない。その所在は九州北部以外にはない」と主張してきた。その人々は実際に卑弥呼が日本本土の最南端ともいえる「辺ぴな」鹿児島県にいたなどとは想像すらできなかったのである。

「歴史」を考える上で最も基本的な、そして最も重要な「時代環境や国際情勢」という要素を完全に忘れて、大動乱時代の邪馬臺国を、うかつにも平穏無事な国と錯覚していた「大先生たち」が空ッポの想像説を強く主張し、史学の初歩も忘れた学説を競っていたのだ。

しかし冷酷な事態は「魏の侵略の魔手」が燕《えん》を滅ぼし高句麗王を追い、朝鮮半島の大半を奪って、次は倭がその二の舞いか？　という危機一髪の風雲に覆われていたのである。

この北からの強敵に対して北九州は余りにも露出しすぎていた。南九州はまず距離で北九州より安全性が高い。第二に九州の周囲の海はすべて北上する海流に包まれ、当時の中国の航海術ではこれに逆らって南下できない。第三に陸行も九州は北から祖母、阿蘇、球磨、霧島の四大山塊に覆われ、縦断することは難しい。ざっとみても南九州は要塞の条件を備えていたのだ。

動乱に明け暮れた三国志時代末期、この不可欠の立地条件を忘れていては、到底「邪馬臺国」を見つけることなどできるはずがない。荒れくるうアジア情勢の中で「卑弥呼はどう対応したか」。それが歴史問題としての「ヒミコ・プロブレム」の核心なのである。

畿内説も北部九州説も徳島説も、ひどいのはジャワ説やエジプト説も、完全に『魏志倭人伝』が「読めない」人たちの「説」だったのである。そうした行為を、「原文を無視している」

という人があるが、無視というのは「意識して『魏志倭人伝』は必要がない」と思っていることである。しかしその学者らは、そうではない。なぜなら「『魏志倭人伝』にそう書いてあるから、私の説が正しい」と全員が主張しているからである。

こうしたことは「無視」とはいわない。「読む能力がない」というのである。第一、『魏志倭人伝』が必要ないのなら、何を使って卑弥呼たちを議論できるのか、私には分からない。

その人々は、自分のいう「邪馬台国候補地が正しいか、どうか」を判定する審判員は『魏志倭人伝』の中の「方向や距離や日数」以外にはないのに、それこそ、それを「無視して」自分の都合のいいように、方向も距離も日数も「勝手に変えて」、「自分の説だけが正しい」というのである。

第五章

ヒミコが仕えた「鬼道」は
インドからきた?

長頭・ギリシャ鼻の鹿児島男性（戦前の写真）

鬼道はシャーマニズムでも道教でもない

『魏志倭人伝』とは全く無関係に、ヒミコという名と古代日本の記録とを、照らし合わせてみてつきとめたオオヒルメの邪馬壹（イチ）国の位置と……。『魏志倭人伝』に記録されたコースのとおりに進んで、着いた邪馬壹（イチ）国の位置が、寸分のちがいもなく完全に一致して、隼人町が『魏志倭人伝』の中の「邪馬壹（イチ）国」のあった場所だということが確認できた。

考えてみれば、それは当然すぎるほど当然なことだった。

卑弥呼も壹與《イチヨ》もともに天照大神と呼ばれた人物であったことが分かれば、天照大神が奈良県の大和にいたという記録は『記・紀』はおろか、どんなおとぎ話の本にも載っていないのだから、天照大神が活躍したとだれもが知っている古代日向《ひゅうが》＝すなわち鹿児島県＝の中に、それがあったことは、決まりきったことだったからである。

同じことは北部九州でもいえる。やっぱり北部九州へ「天照大神」がやってきたという話はない。そしてこれまで「大和だ…」「いや北部九州だ…」といってきた根拠も、これまでみたように皆、「ウッカリ・ミスの産物」か「証拠ねつ造の産物」でしかなかった。

そんな悪口をいわれないように、私たちは「正確に」『魏志倭人伝』に書いてあるとおりに進んで隼人町に着いた。そこはオオヒルメの「言い伝え」をもつ鹿児島神宮のある町である。そこは今でも「内山田」という地名に「大邪馬臺」と「宇治山田」という、出発点と到着点といっていい地名を秘めていた。もうこれで「ヤマタイはどこだ？」などという疑問の声を聞くことは「完全に」なくなったのである。

卑弥呼は「鬼道」というナゾに包まれたもので連邦の国民を治めていたという。鹿児島神宮も全国に三万社を超すという氏神様「八幡社」の総元締めである。

「鬼道」というのは、その名からみて「宗教の一種」であることはまちがいない。これまでも、それは「シャーマニズムだという説」が多くの学者に信じられてきた。だから互いに宗教である「鬼道」と「鹿児島神宮」とは無関係だとは思えない。

だが「鹿児島神宮」といえば神道であって、シャーマニズムではないはずだ。たとえ似たようなものであっても、「神道」という名の宗教として分類されている以上、それを「シャーマニズム」だというのは間違っている。「鬼道」とは一体、何だったのだろう?

ふつうならこれも「何と発音するのか」から始めるのだが、中国で「鬼」というのは日本とちがって「死者」のことである。また中国にも同じ名の「鬼道」というものがあるが、それは老子を祖とする道教系のものである。

殉死・殉葬は倭人が非中国系だったことの証明

中国の道教最大の教科書である『枹朴子《ほうぼくし》』は、四世紀に書かれた本だが、その中にこんなことが書いてある。

「孔子は葬式のとき墓の中に土偶（ハニワのような土人形）を入れる習慣のあることを聞いて、ながいタメ息をついた。これはやがて生きている人間に殉死《じゅんし》（あと追い自殺）させるまでに、エスカレートするのじゃないか、と心配したからだ」

これで分かるように道教は、民主的な良識のある教えだった。ところが『魏志倭人伝』には、これと正反対のことを卑弥呼たちがした、と書いてある。

「卑弥呼が死んだので、さしわたし百余歩の塚を大掛かりに作った。殉葬者《じゅんそう》（いけにえとして一緒に葬られた者）は、家来や侍女、あわせて百人を超えた」

これで分かるように、卑弥呼の「鬼道」は、名は同じでも絶対に道教のそれではない。中国では、皆さんご存じのように、秦《しん》の始皇帝《しこうてい》の墓からでも、兵馬俑《へいばよう》というハニワが発掘された。それは紀元前二一〇年ごろのものなのである。

ではこの中国でも廃れた「殉死」はどこのものだったのだろう。これは「鬼道」とはなんだ

ウル女王墓の殉葬　（C.L. ウーリー原図。加治木模写）
今から約 4600 年前の古代メソポタミア・ウル王朝のシュブ・アド王妃墓から戦車や馬とともに大規模な殉葬遺体群が見つかった。一番手前がシュブ・アド王妃。（出土した遺骨に肉付けして正確に復元したもの）

ったかを知るためには、見落としてはならない重要な手がかりである。

中東では、イラク南部の古代メソポタミア遺跡で、英国のリョゥナード・ウーリーが発掘した「ウル王朝のシュブ・アド王妃墓」から、戦車や馬も一緒に葬った大規模な殉葬遺体群が見つかった。これは今から四千六百年前のものである。

中国では殷《いん》人の商《しゃん》帝国の遺跡から、やはり戦車や馬も一緒に葬ったものが見つかっている。これは今から約三千年前のものである。その風習をうけついだものが、始皇帝の兵馬桶なのだ。しかしこれはもうハニワに変わっている。始皇帝の秦の後の帝国が、前漢で、紀元後の後漢の次がヒミコ時代の魏なのだから、卑弥呼の時代、中国にはもうそんな風習はない。

ヒミコが「中国に良く思われたい。つきあっていける文明人だと思われたい」と思っていたことは明らかだから、彼女や周囲の倭人たちが、中国系の出身だったり、中国の皇帝やその政府・制度などをよく知った人々だったら、そんな「殉死・殉葬」というような、中国人からみると野蛮な、非文化的なことをわざわざするはずがない。だからこの「殉死・殉葬」をしたという事実は、彼女らが「非・中国系人」だったことの証明なのである。

この二つの地域に挟まれた中間のインドでは、今では変わったと思うが、私の小学生のころにはまだ「夫人が夫のあとを追う殉死は、当然のことだ」とされていた。夫が死んでも平気で生き残っているほうが「不道徳だ」とされていた地域が現代まであったのである。

なぜ、鹿児島には美男・美女が多いのか

もう一つ、こんな例がある。私の『鹿児島方言小辞典』（南日本新聞社刊・一九七七年）の前書きに書いておいたことを、そのまま引用してみよう。

「さらに素晴らしいことには、この古代日本語は、日本人の祖先がどういう地域から、この日本列島へやってきたか、という謎をときあかしてくれました。

なぜなら、私たちがいま日本語だと思って使っているもののうち、海の彼方でもやはり同じ発音、同じ意味で使われている言葉が、また大量に実在するからです。

それは単一の地域、単純なコースだけでなく、広い地域の国々や方言を含んでいます。しかし、それらがどういうコースをとって、いつ、日本にはいって来たかが次第に明らかになりつつあります。そして、鹿児島が、それらの言葉の集産地の役目を果たしたことが、はっきりと証明されるのです。

たとえば「シャー・ヤッド・アイサー・ヘー」と発音すると、鹿児島弁のわかる方は「多分その通りのようです」という意味にとることができます。ところが、これは現代のインドの標準語「ヒンドスタニー」なのです。意味は「多分その通りのようです、ハイ」という意味です。

もちろん細部は多少ちがっていますが、耳で聞くかぎり、正しく意味が通じるのです。

あわて者の中には、もうこれだけで鹿児島人はインド人だと思いこむ人がありそうですが、少なくとも二千年昔に分かれた人々は、その長い年月の間に、様々な歴史的変化に見まわれ、様々に移動し、混血しています。

それを現在のインドの人々にすぐ結びつけるのは余りにも幼稚すぎます。

ですから、その研究は今後の課題としておくことにして、はっきりしていることは、これまでの「鹿児島や沖縄の言葉は、奈良や京都の文化が地方へ入って、古いままで残ったのだという考え方」がどうもおかしい、ということです。もし、近畿から鹿児島へインド語が伝わったのなら、近畿地方の言葉が、より原型に近いはずなのに逆になっているからです。

「シャー」は大阪弁の一部にそのまま残っていますが、「ヤッド」は鹿児島弁では「ヤッゴ」で「様の如く」と書きますが、近畿では「シャーヤッゴ」は「ソヤミタイ」となっています。「アイサー」は鹿児島では「有ンさあ」ですが、近畿では「オマス」で、むしろ関東弁の方が、鹿児島弁に近いことがお分かりと思います。これまで学問的な研究なしで唱えられていた説は、単なる空想にすぎず、事実の前に崩れて消滅したのです。

そしてその事実は、鹿児島に欧米型の美男・美女が多いことと結びつきます。マリリンやブリジットと呼びかけた方がピッタリする美人や、芸能界に活躍した大スターたちが、この地方から輩出した事実は、これらの言語の歴史事実と切り離せないものなのです。

だから、鹿児島はたしかにエキゾチックな要素に満ちています。しかし、日本人とは別のものではなく、遠い昔、この石器人しかいなかった列島にやって来た私たちの祖先の、純粋なおもかげを伝えた言葉と人と歴史と習慣と伝説が、エキゾチックな風土と渾然一体になった地域なのです」

日本語大論争「タミール語説」フクロ叩き

当時、学習院大学の教授だった大野晋氏が、いち早く『週刊朝日』を使って、数週間連続で「日本語の祖語はインドのタミール語だ！」という内容の「大発見」を発表したことから、それが余りにもお粗末な説だというので、当時たしか北九州の邪馬台研究会の会長さんだった安本美典氏らが「猛烈に」その説のおかしなところを攻撃し始めた。

案の定、それはスモウでいえば「同体ではないかと物言いがつき」といったトモダオレに終わり、世間では「喧嘩、両成敗だ」と評した。それは当然で、大野博士の説は、その題名からして間違っているというシロモノだったからである。

「タミール」という名だが、そんな名の人種も言語も、インドはおろか、世界中にもない。それは本来「ドラビダ」という名がなまった言葉なのだ。言葉を短く縮めるインド語のくせのためドラは「ダ」に、ビダは「ビラ」になり、さらに大移動先の南インド・シンハリ語の洗礼を受けて濁らずに「タミル」に変わった。どこにも「タミール」と引っぱる発音はない。

ではその「タミル」の人たちは日本へきたのだろうか？　鹿児島県には「タビラ（田平）」という地名と姓がある。これは「タビラ」への当て字だとみることができる。また「B音」と「M音」が入れかわるのも日本語の特徴の一つである。いちばん手近な例は「馬」の字を「バ」と発音するが、中国では古来、南北とも「マ」以外の発音はない。

だから「平《たいら》」も「田村」もそうだった可能性が強い。しかしご覧の姓の数が少ないように、それほど大量の人がやってきたとは思えない。またそれは、大野さんのあげた言葉が、大半が稲作にともなう「技術語」であることでもいえる。それは日本に稲作が入っている以上、それにともなう技術も用語も入ってきて当然で、日本語の祖先と言えるほどのものではない。

どんなコトバを発見すれば日本人のルーツが分かるのか

それは、ちょうどテレビやハイ・テク、カレーライスといった言葉が、今では日本語なのと同じことだし、逆に欧米で「スシ」や「ジュードウ」や「ソニー」などというコトバが、その国の言葉になって使われているのと同じで、それは人間の移動とは少しの関係もない。

もっと極端な例をあげれば、漢字は今の日本語の半ば以上を占めているが、それを証拠にして「日本人は中国人の子孫だ」などと主張してもだれも信じない。それは漢字が移住者といっしょにではなく、ごく少数の教師によって運ばれてきた、「輸入品の一種」でしかないことを知っているからである。

同じことはインド語についてもいえる。お寺のお坊さんだけでなく今では多くの人が写経などして「ハンニャ・ハラミタ・ボダイ・ソワカ・ギャーテイ・ギャーテイ」などというインド語を知っている。しかしこれは、どんなにたくさんな人が知っていても、日本人がインド系の先祖をもつ、という証拠にはならない。

その点、姓とか地名というものは、人間の「誇り」「望郷の気持ち」「所有欲」「自分の存在を長く記念したい」といった、全世界の人類に共通の「人間性・本能」に根ざしているから、たとえ、その量は少なくても「そこへたしかに居住していた」という「遺跡としての証拠性」をもっているのである。そしてこのことに反対する学者は、今ではもういない。それは世界共通の「歴史上の重要な手掛かり」であり「証拠」だと認められているからである。

そして、もちろん、地名や姓のほかに、日本語と同じ「発音」と「意味」をもつ『共通語』があることが必要である。それが多ければ多いほど「日本人のルーツ」は明らかになる。

この点、タミル語は、その共通語の種類が限られている。日本はご存じのように「祭政一致」の政治形態をもった国だった。いま私たちが「鬼道」に重要性をみとめて調べているのもそのためである。だがタミル語はそれには直接、役にはたたない。それは日本語の中には入ったが、それほど大勢力にはならなかった他の言葉と同じく、日本語の主流にはなれなかった言語の、「その他オオゼイ」の一つに過ぎないのである。

全世界の宗教の神は、すべて元は同じ

話を「鬼道」にもどそう。では中国で言う「神」とはなにをさしているのだろう？　さきの秦の始皇帝は天下統一後、国内の霊山を順拝してまわった。そして大掛かりに「天」を祭った。これにならって、それ以後の皇帝も皆、天を祭るのを習いとした。これは中国式だと考えられていたが、実はインドの神を祭っていたのである。

「神」の字を私たちは「シン」「ジン」と発音するが、正確にはそれは「シム」「ジム」である。これはインドで一番古い天の神、「シバ」神のことだったのである。

この神は、古いだけあって、世界じゅうに広がり、実に様々な名前に変わっていった。その一つに、『旧約聖書』の神「エホバ」もある。皆さんがユダヤ人として知っているいまのイス

ラエル人たちの先祖は、シバの神を祭るインドの人々と血を分けているのである。

なぜなら、彼らの祖先だと書かれているアブラハムは、先に殉死の話にでてきた女王の君臨していた「ウル」の人で、それが西へ一族を連れて移動して、今のイスラエルに落ちついたのだ、と『聖書』に詳しく書いてある。だから『聖書』を信じる全世界の人が事実だと考えているし、私もそれは本当だと思っている。いろいろ調べてみたが、その年代計算や時代経過によって当然発生する変形のほかは、ひどい間違いはみつからないからである。

そして彼等が、天にいるただ一人の神として祭り続けてきた神は、日本では主に「エホバ」として知られているが、「ヤーベ」というのが原音に近い。この名は「シバ」の名の変化したものなのである。それはインドの東にさかのぼって、逆にたどってみればよく分かる。

このシバは、インドネシアのスマトラでは「シガス」に変わり、「バガマ」に変わった。スマ・トラの名は「シバ」が語源なのである。同じくインドネシアのスンバ島では「スンバ」に変わる。みんな島の名がその神名にもとづいているのだ。

マレー語ではそれは「ジバ」になる。他の島と同じようにジャバではそれは「ジャバ」になる。他の島の例があるので、ジャバという名がそれからきているとすぐ分かる。

日本ではジャの字を「ヤ」と発音する。その例は「邪馬台国」である。「邪」は邪魔のジャである。だから「ジャバ」は「ヤバ」になる。このバは鹿児島語なら「ベ」になる。

これから「ヤーベ」まではわずかな距離である。しかしユダヤのヤーベは日本から行ったものではない。それは中近東と隣りあっているインドから、直接行ったのである。インドには八四〇もの方言がある。そこでシバが別名になるのは、インドネシアの島々ていどのものではない。なんといってもシバは数千年の歴史をもつ世界最古の神である。そのあいだにどれくらい音が変化したか……考えることもできないほどだ。

卑弥呼の神はキリスト教と同じか

だからそのインドではシバの別名が「ヤマ」であることも、今では世界中の学者によく知られている。

中国では、それに「閻羅」というむずかしい字を当てているが、日本ではこれを「エンマ」と発音している。しかし本家の中国では「ヤマ」とか「ヤムマ」と発音している。

このヤマから「ヤバ」に変化し、「ヤーベ」に変化するのはわけはない。というより「ヤーベ」もインドの方言の一つであったといったほうが早い。

なぜなら今、世界中に散らばっている「ジプシー」は、もとをただせば全部、インドから出ているのである。その一つのグループが隣りのメソポタミアに入り、ウルにいてアブラハムが生まれ、彼が指導者になってイスラエルへ移動したことは、ありえないことではない。それは彼等が信仰する神の名が「ヤーベ」であることが、かなりの強さで、この考えを支持しているからである。

それはともあれ、キリスト教の「天にましますす主・エホバ」が「ヤーベ」である以上、それは「シバ」そのものだったのである。

それだけではない。イスラム教の神「アッラー」も、その本名「アフラ・マヅダ」は太陽の神であり、やはり「シバ」の別名の一つなのだ。これでは日本の天照大神以外は全部、シバだということになる。シバは男性だが、天照大神は女神でありオオヒルメであり卑弥呼だからだ。だがこうみてくると、彼女は神そのものではなく、神を拝む側の女王だということになる。だとすれば彼女が祭ったのは、やはりシバだったのか？

ヒミコと天照大神の名の本当の意味

そうすると「天照大神」という文字を、沖縄語で発音したものが、その正しい発音だということになる。それは沖縄語では「チンヅウ・ウガン」。これは本土語に翻訳すると「シンドウ・オガミ」。漢字で書けば「神道・拝み」になるからである。

古来、天照大神は日の神、太陽神であるとされている。これは卑弥呼であろうとなかろうと、無関係である。彼女が神そのものであることは考えられないから、ミコ（巫女）だとすると、彼女の名乗りの本当の意味は「日の神につかえる巫女」で「日巫女＝ヒミコ」。それを帯方郡使が「卑弥呼」と当て字した、というのが真相だということになる。

それなら彼女が拝んでいたのが、日の神、太陽神であったから、やはりシバであった可能性がある。国名の邪馬臺国の「邪馬」は、ジャバともヤマとも読める。どちらもまちがいなく、シバの別名だ。世界の宗教がシバに関係がある以上、日本だけが例外というほうがおかしい。日本語はインドやマレー語の影響が濃い。ことに鹿児島神宮のある大隅は、三母音の沖縄語の圏内にある。「シバ」は本当に、卑弥呼当時の日本でも拝まれていたのであろうか。それが「鬼道」か、どうか？　話はだいぶ、核心に近づいてきた。

天御中主神《あめのみなかぬし》はインドの最高神ビシュヌー

こうして古代日本、ことに鹿児島へ、インドからきた人たちがあったことが確実になってくると、それはいつごろで、だれがやってきたのか、知りたくなる。

それを知る、なにか役に立つ証拠か記録があるだろうか？

ある！　やってきたのは、最初に見ていただいた「ソナカ」という名をもった人物である。彼はヒメゴソの夫だった。多くの別名をもっていたが、それは神功皇后夫妻と同じ名乗りが、言語の違いや当て字の変化で生まれたもので、すなわち、『記・紀』に仲哀天皇として記録されているその人こそ、そのインドからきた可能性のいちばん高い人物だったのである。

しかし彼がインドからきたということを知るためには、まず卑弥呼の「鬼道」をもっと考えてみなければならない。

それがシバ神やシンドゥ教に関係があることは分かったが、も少しほかの視野から検討する必要がある。それがシンドゥ教なら『記・紀』の神の名の中に、一致するものがなければならない。『古事記』の中でいちばん最初にでてくる神の名は「天御中主神《あめのみなかぬし》」である。これは従来は「アメノミナカヌシノカミ」と読めと教えられてきた。これではインドの神とは何の関係もなさそうである。しかし読み方を変えてみると、「御中主＝ミチュウヌシ」になる。シンドゥ教の最高神はシバではなくて、「ビシュヌー」である。これはよく似ているだけではない、整理すれば全く同じ神の名だと分かる。沖縄語では「ミはビ」に変わる。私たちのオミズ（お水）は「ウビー」なのである。

だから沖縄語なら「ミチュウヌシ」ら「ビチュヌシ」と発音されるのである。最後の「シ」は「……の」という助詞の「の」であって、それを漢字で「之」と書くと「シ」という漢字音になる。沖縄では「それをさらにチと発音して「津」の字を当てる。この「チ」を速記者が「シ」と翻訳して、本体の名前といっしょくたに「主」という字を当てたのである。だから、これは本来は、「……之神（シン）」と後の「神」につくものなのだ。

日本の祭りとシンドゥの祭りの驚くべき共通性

また皆さんは、日本のあちらこちらの神社で、梵天《ぼんてん》というものを作って祭りにかついで練りあるき、奉納する行事があることをご存じだと思う。この行事もインド直輸入だし、この「梵」の字は、シンドゥの大神である「ブラフマン」に対する当て字である。またインドの文字を梵字《ぼんじ》と呼ぶことも思いだしていただきたい。

インドではこのシバとビシュヌーと、この「ブラフマン」とを三位一体として信仰していた。これはなまってバラモンと発音される。だから「婆羅門（バラモン）教」と呼ぶのである。

それよりももっとだれでも知っているのは、祭りにつきものの神輿《みこし》や山《やま》である。大掛かりな設備で知られる京都の祇園《ぎおん》祭の「山鉾」や「山笠」や「山車（ダシ・ダンジリ）」などは皆、シンドゥの行事なのである。それは北はネパールから南はマレーシア、バリ島に至るまで、シンドゥ教徒のすむ地域で、すべて見られる祭り行事であり、日本のそれとまったく同じだといっていい。

ここで注意していただきたいのは、日本のその行事には、すべて「山」という名が文字の形でついていることである。この山は「ヤマ」すなわちシバを表しているのである。シバを日本では「ヤマ」として信仰していたことがわかる。

だから邪馬の字を「ヤマ」と発音するのは必ずしも間違いとはいいきれない。ただ間違ってならないのは、『魏志倭人伝』の読み方とこれを混同してはならない、ということである。いろいろに発音が変わった中に「ヤマ」という発音があるのは、「方言」と呼ばれてきた言葉の違いのせいで、三世紀にヒミコらが話していた国名ではないのである。

これで「鬼道」が「神道」であり、「シンドゥ」であったことは、大よそではあるが見当がついたと思う。そこでその「邪馬臺」とはなんのことだったかを調べてみよう。

邪馬臺の発音とよく似た世界のコトバを拾ってみると……

「邪馬台ってなんのこと？」ときかれたある大学教授が、「それは大和《やまと》のことです」と答えたのを見たことがある。きいた人はそれで黙ってしまったが、私なら、もう一度こうきく。「ではヤマトってなんのこと？」と。恐らくその教授は「それは邪馬台《タイ》をヤマトと読んだものです」と答える。彼はそれ以上のことを知らなかったから「大和のことだ」と答えたのだから……。

では邪馬臺《ダイ》とはどんな意味をもった名前なんだろう? ある本にそれは中国人になんと発音するかと尋ねれば、いちばん正しい発音が分かるからといって、中国の人に発音してもらったら、それは「チェマタ」だったから、自分の知っている「千俣《チマタ》」が邪馬台国だという説があった。この説でいくと、にぎやかな街のことをチマタ(巷)というのも、関係があることになる。『魏志倭人伝』によると邪馬壹(イチ)国は、七万戸もある当時としてはたいへんな大都市だから、この巷という文字のもつ意味とよくあっている。

しかし、もうお分かりのように、今の中国人はペキン語で話す。とても古代の魏の時代の発音は知らない。だからこの説は最初からまちがいだったので、長続きしなかった。

またそれは広東語《かんとん》だ、という説もある。「甚大」と書いて「シャムターイ」と発音するから、当時超大都市だった邪馬台国にはぴったりの形容だというのだ。

しかし世界の言葉を調べてみると、そのていどの似た発音と似た意味とをもった言葉はまだまだ幾らでもある。それに近いアジアの言葉を並べてみよう。

ヤマ　山　日本語
ヤマ　死の神　ジャバ語

ジャマ　イスラムの僧院長　マレー語
ジャバル　山　アラブ語
ヤマン　父　サング語
ジャマ　おとうちゃん（子供語）セラム語・メナド語
ジャブット　天帝・造物主　アラブ語
ジャマット　議会・集会　アラブ語
ジャマーハ　宗教会議　広インド語
シャマ　タイ人（シャム人）　マレー語
サマンダル　海　ヒンドスタニー語
サマータイ　悟り・三昧・止観　タイ語

どうだろう、どれもこれも、それらしく見えるのではないだろうか？

半分しか笑えない邪馬台＝ジャワ説

朝日新聞の夕刊で「南海上の邪馬台国」という論文を読んだことがある。それはジャワ、スマトラの古名「ヤワドゥイパが邪馬台国だから『魏志倭人伝』は日本のことではない。削除してしまえ」というキツイ内容のものだった。

このヤワドゥイパはインドネシア語なまりで、サンスクリット語のヤバドゥィパ。パーリ語のジャムブディパ。中国仏教経典にあるエンブダイ（閻浮提）である。

このパーリ語の「ジャムブ」は幸福・甘いなどという意味なので、ジャムブ・パーナといえば果物ジュースのこと、私たちの使う「ジャム」の先祖に当たるコトバなのだ。

あとの「ディパ」は州・島・領地などだから、「しあわせなイイ島」という意味で、ジャワ・スマトラの呼び名になった。今でいえば「南海の楽園」といったような、きれいなキャッチ・フレーズなのである。

だから本家のインドが古来、自分たちの国を「ジャムブディパ」と呼んでいた。それはお経にちゃんと書いてあるのだから紀元前数世紀のことである。インドネシアのほうはインドから、すぐあとでお話する宗教の大布教団がやってきて教えを広め、そこを自分たちの祖国と同じ、この称号で呼んだ。それが後世、ナマって少し変化したものなのである。

これが邪馬台論争の現代の変わり種として有名な「ジャワ説」なのだが、それが出るや学界で大笑いが起こった。それは「名前だけ見て、距離も、方角も、植物も、歴史も見ない」ムチャクチャな説だったからである。

しかし本当は、この邪馬臺《ダイ》国名の意味さがし競争は、ジャワ説が一番正解に近づいていた。

それまでだれも気付かなかった正しい答に、いま一歩というところまで肉迫していたのである。だから半分は笑えても、後の半分は、笑ったほうが笑われる番にまわったのである。

「邪馬臺」の正しい意味はジャムブディパ＝幸福な世界の中心地

天皇のことを「スメラギ」と呼ぶことは、多分ご存じだと思う。これもインドの言葉だろうか？　そうなのだ。古代インドの人々は、世界の中心に「スメラ」という山がそびえていて、そのまわりに東西南北の国があり、そのまわりを海がとりかこんでいるという世界地図を、正しいものと信じていた。（この地図が本来のマンダラなのである）。後に日本に入ってきた仏教では、この山を須弥山《しゅみせん》と呼ぶが、まったく同じものである。

そしてインドの人々は、ヒマラヤこそ、そのスメラ山だと思っていた。その南に自分たちの住んでいる世界「インド」があって、自分の国が世界中でいちばん真ん中にあると信じていた。そのインド世界を彼らは、「ジャムブディパ」と呼んだ。これは少し早く発音すると「ジャムディ」と聞こえる。日本にやってきた魏の帯方郡使が耳にして「邪馬臺」と当て字した国名は、これと同じ名前だったのである。

なぜ、日本にその名があったのか。疑問は疑問として、それは読者が一番知りたい、期待していた答だったと思う。それがどうして、そこへやってきたのか。それこそいちばん興味のある命題だからだ。だがその前に、その命名が適当か、どうかを先にみておこう。

隼人町は卑弥呼の姫木山、そしてその背後にそびえる霧島山を「スメラ山」に見立てると、本当にその南にあって、海にも面している。もちろん三世紀の倭人は、そこが世界の中心だと思ってはいなかっただろうが、伝統はしっかり守っていたのである。

そしてイザナキのところでお話したように「スメラ王＝スメラキ」また「スメラ城＝スメラギ」という言葉も使った。それが今も天皇の称号の一つとして残っていたのである。

また古代インドの文献には、「神聖」を「アイラ」といったと書いてある。今、その隼人町のある地域は「アイラ（姶良）郡」という。三世紀当時に、卑弥呼が君臨していた当時はもちろん、それ以後も、そこは全国の八幡社の総本山として、やはり「神聖」な「聖域」だった。だから千七百年後の現在も、まだアイラと呼ばれ続けているのである。

これで名前が似ているというだけでは「簡単に飛びつけない」ことがよくお分かりいただけたと思う。私の説もこれだけではまだまだ信じるに足りない。

スメラ山をかたどった寺院建築（インド・ビハール州）

ビシュヌーとアナンタの絵巻（インド18世紀のものから模写）

卑弥呼政権を倒したのは、スサノオ＝狗奴国男王だった

天御中主＝テンのビシュヌゥの神は、必ず「アナンタ」という名の巨大な大蛇をそばに連れている。この蛇はカラダが大きいだけでなく、もう一つすごい特徴をもっている。それは首から上が七つに分かれているのである。だから「七マタの大蛇」なのである。

この呼びかたはどこかで聞いたような気がすると思う。『記・紀』にのっているのは、少しだけ違っていて「ヤマタのオロチ」と呼ばれてきた。やはり頭が八つに分かれている大蛇だ。それはスサノオのミコトが退治する相手である。スサノオは天照大神の弟だが、一種の暴走族である。姉や神々に悪いことばかりする。そしてとうとう武装して姉弟で戦って、天照大神は「岩戸に隠れる」。それは死んで古墳に葬られたことだというのは、前にお話した。

これは卑弥呼が「クヌ（狗奴）国」の男王と戦争して死んだのと一致するが、それとは別に「ヤマタのオロチ」を卑弥呼のこととみることもできるのだ。なぜならまず、その名である。それはこんな当て字で書いている。

「八俣大虵」これは「八俣＝ヤマタ＝八幡《ヤバタ》＝邪馬臺」「大＝ウ」「虵＝チ」＝「内・宇治」。どうみても卑弥呼のことである。そしてもうひとつの理由も見ていただきたい。

それが今お話したビシュヌヌウ神なのである。彼が常に連れている「アナンタ」は頭が七つで一つ足りないが、ビシュヌヌウ自身の頭を加えると八つになる。スサノオが退治したのは天照大神であったのだから、「神」本人である。とすれば、ビシュヌウ＋《プラス》アナンタでないと、いけないはずである。すなわち、スサノオ＝狗奴国男王は、卑弥呼の宗教（祭政一致だから政府まで）を滅ぼしたということなのである。

この「大蛇退治」はこれまで「洪水を退治した治水神話」だと大まじめに唱えられてきた。しかし考えてみると、そんなことは毎年のように起こる。古代の人々には、いわば日常茶飯《にちじょうさはん》事《じ》だった。そんなものをわざわざお話に仕立てても、一体だれが聞いてくれるか。第一、それを『記・紀』になぜ、載せなければならないか、ということである。

それは史実であり、それも重要な国家の根幹にかかわる大事件だったからこそ、大きな事件として記載されたのである。けっして神話でも、たとえ話でもなかったのだ。

アショカ王・大布教団のナゾ

卑弥呼の宗教「鬼道」がインドからきたシンドゥ教らしいというのは、これで大体分かった。ではその夫「ソナカ」は何をしたのだろう？

皆さんは、古代インドで、おシャカ（釋迦）様の死後に、その教えのお経を集めて、それを世界中に広めた「アショカ王」について多少はご存じだと思う。その仕事は当時としては大変な大事業で、一方向に護衛の軍隊とも一万人もの人がでかけていった。それも五年ごとに成果を報告させて会議を開いたといったことが、崖の岩に彫ったりして様々に記録されている。

西にいった人々はエジプトのアレクサンドリアまでいって、仏教を布教したという完全な記録がエジプト側に残っている。その都市は当時世界一の文化都市だったからよい記録が残ったのであった。そしてそこにはインド人町ができたことも書かれている。

このエジプトのプトレマイオス一世以外の布教先はシリアのアンチオクス帝。マケドニアのアンチゴヌス帝。チレニアのマガス王。エピルスのアレクサンドロス王らの国々だった。

この五王の時代は紀元前三〇八年から二五七年のあいだで、出発はアショカ王の即位十二年である。王自身も即位二十一年に今のネパール・タライ盆地にある、シャケ（釋迦）族の国にでかけて、ルムミン・デイ（臺＝村）の釋迦誕生地に参拝してスツーパを建てている。

この時期が日本の「弥生時代」の始まりとぴったり合っていることに注意しておいてほしい。

では東はどうかというと、中国へいったのなら必ず詳しい記録が残っているはずなのに、何も残っていないのである。しかし東西南北、四方に宣教師団が派遣されたのだから、それは必ずどこかへいって足跡を残していなければならない。それは今言ったように、五年ごとにイン

ド へ帰って、報告したというのだから……。

だから、その報告書が残っていれば、東の行きさきも分かるのだが、それはこれまで見つかっていない。だから現在までそれは永遠に解けないナゾとされてきたのである。

だがもう私たちがよく知っている「ソナカ」という名は、その永遠のナゾのトビラをひらく実にすばらしい「黄金のキー」だったのだ！

東方への仏教布教団長「ソナカ」王家

アショカ王が四方に派遣した人々の顔ぶれを見てみると、「アパランタカへ行ったヨナカ」というのがある。これは中国で当て字したものを見ると「阿波蘭多迦」となっている。この国名は「阿波」と「タカ」という名前の組み合わせが日本的でおもしろい。それは別の字を使うと「芦原の高」（福井県に〔芦原＝アハラ〕温泉がある）と書くこともできる。

また「ヤナカ・ロカに行ったマハーラッキタ」がある。これも東京都の「谷中（ヤナカ）」と同じ発音だし、梁河・柳川といった当て字もできる。

「タムバ・パンニディーパへ行ったウッチヤ」というのもある。これは「丹波」に合う。

次が「スバンナ・ブーミーへ行ったソナカ」だ。私たちの「ソナカ」とまったく同じ名の人がいるのである。

この「ロカとかディーパとかブーミー」とかいうのは、「世界、地帯、島、地方」といった意味のコトバであるから、ソナカ氏が行ったのは「スバンナ」というところだった。

これに「邪馬臺《ダイ》国」を見くらべてみると「邪＝ス」「馬＝バ」「ン＝の」「国＝ナ」と、いかにもそれらしく見えるのである。

ビルマ、マレー、日本に残るソナカ王国の足跡

また他の当て字を使って「諏訪の国」と書くこともできるから、これは確かに日本のことだという気がするかもしれない。しかしそう思うのは早合点で、この国はミヤンマー（＝ビルマ）のことだと分かっている。だが「それでは日本と全然、無関係だ」と思うと、それもまた早合点なのである。

この「スバンナ」は、アショカ王やお釋迦様が使っていた古代インド語の「パーリ語」で、黄金という意味である。これは日本が「黄金の国ジパング」としてマルコポーロに紹介されたことを思いださせる。それは十三世紀のことだが、彼はその情報を中国人から聞いたのである。その中国ではいつから日本と黄金を結び付けて考えていたのか分からない。「こがね（黄金）

花咲く」とうたわれた奥州は、まだ正確には分からないほど、もっと古くからの産金地だったからである。

同じ十三世紀に、暴風にあって沖縄へながれついた九州の商人が写生したスケッチがあるが、その風俗は完全に、今ビルマからタイにかけて住んでいる「カリエン人」と同じなのである。それはどちらも鉢巻きを左結びにするところまで同じだし、沖縄の婦人たちが、髪の毛を巻いて、一本のカンザシで止める、あの風俗もまた共通なのである。

それだけではない「チヌ」と呼ばれていた沖縄では「キをチ」と発音していたのだから、それを翻訳すれば「キン」にもなる。またマレー語では黄金は「アマス」という。これは「スをッ」と発音する鹿児島語なら「天津」と書く。沖縄の「チヌ」はたしかに「天」の意味ももっているから、それは同じ三母音語のマレー語からきた「黄金」の発音が「アマ」という言葉を産んだとみていい。こうして見てくると、普通では入ってこない言葉まで説明がつく。

だからソナカ氏一行が、ビルマからマレーに、そしてインドネシアにと、足をのばして日本までできた可能性は、いよいよ強くなってきた。なぜなら卑弥呼の「鬼道」は「シンドゥ教」の要素が多分に入っているだけでなく、それ以外にソナカ氏がインド東方に広めた仏教や、そのほかの宗教の要素らしいものまで、また多分に入っているからである。

「鬼道」の本当の正体

純粋のインドのシンドゥ教は、今でもスリランカのタミル人が宗教闘争を繰りかえすくらい神経質で、とても卑弥呼のように多くの宗教要素を「取りいれる」ことはありえない。これは古代はもっとひどかったことが分かっている。

仏教はそれとは正反対に、シンドゥ教もギリシャの神々もどんどん取りいれた。ガンダーラ仏を見ればお分かりのように、仏像はギリシャ文化の産物なのである。とすれば卑弥呼の一見シンドゥふうの「鬼道」は、そのソナカ氏の「アショカ仏教」だったとしなければならなくなるのである。

というより彼女の夫がソナカという名をもっており、卑弥呼自身も神功皇后としての名乗りが「ソナカ・タラシヒメ」だったのだから、その「鬼道」と記録されたものこそ、ソナカ家が代々、インドより東方の国へ広め続けてきた「アショカ仏教」そのもので、なければならないことになる。

これが、『鬼道』とは何かというナゾに対する答なのである。しかしそれはまだ、ソナカという名前が「一つの証拠」になったにすぎない。これまで見てきたことは、彼女たちがインド系の言語と深くかかわりをもっていた、というだけで、それだけなら鬼道はシンドゥ教だったかもしれない。

だからそれが本当にアショカ仏教だったかどうかは、これから調べる必要がある。

第六章

アーリア系ヒミコとアショカ仏教布教団

今も残る地中海の風習（沖縄・糸満市＝戦前の写真）　墓へ行く女性たちはヴェールをかぶる。これは欧米映画でお馴染みの、古代地中海地方独特の風習。それがヨーロッパに広がったもの。しかしなぜ、沖縄に？

日本語の中に大量に発見される古代インド・パーリ語の痕跡

「アショカ仏教が日本に来た」という何か証拠があるだろうか。私は第二次大戦末期には鹿児島県北部の栗野国民学校の教師をしていた。当時、考古学の大家として全国的に知られていた寺師《てらす》見国《みくに》医師が隣接した大口市におられたので、お訪ねしたついでにこの話もした。すると「ここには曲田（マガタ）という姓がありますが、それは関係ありませんかネ……」というヒントをいただいた。なぜそれがヒントになったかというと、アショカ王は「マガダ（Magada）国王」だったからである。

ご存じのように「田」は「ダ」と発音する。このマガタは「マガダ」さんだった可能性が非常に高い。しかしこれ一つでは「他人のそら似」で証拠にはならないから、そんな国名や地名に共通するものがほかにないか、さがし始めた。最初にお話した鹿児島語とインド語の共通性はこうしたことから研究しはじめた結果だったのである。

ところがインド、ことに古代にシャカ（釋迦）が使った言葉であったパーリ語が、日本語に大量に入っていることが分かった。（詳しいことは私の『邪馬臺国の言葉』（コスモ出版刊＝一九七六年の付録参照）。そのパーリ語ではギリシャ人のことを「ヨナ」と呼んでいる。

まずその「ヨナ」から見ていこう。これは日本の南西諸島の中でも、いちばん南西にある島である。「与那国島」の「ヨナ」と同じである。この島に限ってわざわざ「ヨナ国」と国の字がつけてある。これは周辺の島々の住民とは違った人間が、独立国として存在した名残りである。ではなぜ、パーリ語はギリシャと呼ばずに「ヨナ」と呼んだのだろうか？

ギリシャは古来、大きくなったり小さくなったりしている。ご存じのとおりアレッサンドロス（英語なまり＝アレキサンダー）の時代には、それはエジプトからインドにまで拡大した。しかしアレッサンドロス自身が、それまでのギリシャ人からみれば、東のほうから流れてきた「マケドニア＝マケド国」国民で、それが父王ピリッペ（英語なまり＝フィリップ）の時代に、隣接したギリシャを「勢力下におさめた」ということだったのである。

マケドニアは今はユーゴの中に入っているが、当時は今のシリア一帯の「イオニア」もその勢力下にあり、それらをひっくるめて、ギリシャと呼んでいたのである。「ヨナ」というのは、このイオニアをパーリ語流に、みじかく縮めた発音なのだ。

だから「ソナカ〜パーリ語〜ヨナ国」と見てくると、私たち日本人の血には、どうやらこれまで余り縁のなさそうだった「遠い国」からやってきた血が流れている、と思わないわけにはいかなくなってくる。それは日本のいちばん南西のはし、そしてヨーロピアンの容貌をもった人たちがたくさんいる鹿児島〜沖縄地方なのだ……。

地名が物語る古代文明の波及

ほかにも同じような、私たちの先祖の手掛かりはないかとさがしてみると、まだほかにもいろいろ見つかった。たとえば同じ沖縄県の「波照間島」もその一つである。

この島の名は沖縄語や鹿児島語では「ハティマ」と発音する。語尾のマは国を意味するものだということは、もうよくご存じのことである。だからこれは「ハティ」というものを指している。ハティというのは、アレッサンドロス時代の前後に、やはり中近東で大活躍していた人たちの名である。

「ハティ人」は英語なまりでは「ヒッタイト」と発音する、古代金属文化の先進国人として、世界史上でも有名な人たちである。日本語の「ハチ＝蜂」を考えてみると、この武器をもった連中と同じ性質をもっている。どちらも「剣をもつ者」なのだ。

それだけではない。麦を火で炒《い》って粉にひいて、お湯でこねて食べる、あの粉を大阪周辺では「ハッタイ粉」という。ムギは本来、地中海農耕文化の主食である。このハッタイもハティ人に対する呼び名変化の中の一つと同じである。

それよりもさらに重要なのは、この地域から出て朝鮮半島を治めたアカハチや中国の東北部から出て後の中国・清《しん》帝国の祖になった金王ヌルハチがもっている「ハチ」という称号も、このハティとつながりをもっていることである。

その古代ハティ語は今、シリア特有の象形文字として見つかっている。ヨナ国島との関係は切っても切れないものがあるのだ。その遺跡から見つかった印章には「ハットウシル三世大王」のものもあり、その首都の名も「ハットウス」だった。だから「八頭」という当て字があれば八俣の大蛇ともつながってくる。また八田、波多、畑といった姓も、「果てる」「はて＝涯」という言葉も、やはりこれにつながっていると考えていい。なぜなら波照間島もヨナ国島も、その名のとおり日本の果てにある「果てる国（マ）」だからである。

またこの式でいけば九州北部にある「日田（ヒタ）」も「日田人」と書けば「ヒッタイト」への当て字として使える。さきにお話した、三種の神器の一つである精巧な古代の神剣は、日本の鉄器時代の初めのものだけに、この人々のものであり、その象徴とみてもいい。

またその人たちは全部、船に乗ってそれらの島々へきた。日本語の「フネ」という発音と、古代ギリシャとの関係は、その海軍の主力だった「フェニキア」と切り離しては考えられない。沖縄語ではその名は「フニチ国」になる。これは本土語に直せば「フナキ」で船木という姓に一致する。またフニチ国を「船津国」と書けば、それが船の国という古語だと分かる。

こうみてくるとアレッサンドロス帝国の中にあった「カッパドキア」と、日本の「カッパ」

という名もまた無関係だとはいいきれなくなる。ローマ法王をマグナ・カッパと呼ぶが、その頭は本当に「河童」のように丸く剃る。

怪物としての河童は架空のもので、ここでは議論する対象ではないが、カソリックの儀礼や三世紀の卑弥呼の儀礼や、その起源であるシンドゥ教の最高神シバと、キリスト教の最高神のエホバが同じ神だということを考えれば、これもまた学問上、無視することはできない。

ギリシャ語に「キレナイカ」というのがある。これは古代イタリア半島の国「キレニア」人をさす。

この名は今もラテン化してチレニア海や、アルバニアの首都・チラナなどとして残っている。そして鹿児島にも「喜入」や「知覧」として残っているのである。

なぜ、これほど多くの古代中東の名前が日本にあるのか

こうしたことは、一つ二つなら、いかにもコジツケ、語呂合わせに見えるが、こんなに大量に見つかるのは「真実」だという証拠なのだ。しかし中東の古代史を知らないと、それが一緒になって同時に日本人に入ってきた理由が分からないと思う。しかしこの本は幾度もくりかえしているように「ヒミコ」問題の本であって「世界史」の本ではない。だからなぜ、一緒に？

という点と、それと日本との関係がよく分かるような材料だけピック・アップしておく。

『聖書』でだれでも知っている「モーセのエクソダス＝出エジプト」より前の中近東史は、人類文明の曙として学校でも習ったと思うが、紀元前二〇世紀ごろまでを見てみると、つぎのような国名が見つかる。キンザ、アルザワ、ミタンニ、マルハシ、ヤジリカヤ、アラシヤ、ハナ、アムール、スバル。これは金座、有沢、三谷、丸橋、鍛（やじり）賀屋、嵐谷、花、天降、昴または須原、春原と書くことができる。漢字を見ると、いかにも日本の名だと思える。

ただアムールだけが少し変な気がしたかも知れない。しかしこれは、私たちが今はいちばんよく知っている隼人町の、そのまた鹿児島神宮のそばへ、霧島山から流れてくる川の名なのである。発音は少し違って「アムイ川」と聞こえるが、文字にすると「天降川」。これは古代には北朝鮮を超えて、まだ北の地域に広がった人々の手で、そこにある巨大な大河にも名づけられた名である。その名は「アムール河」、中国名を黒竜江という大河だ。

ハティの王の名もおもしろい。紀元前一四世紀の王は「ムーワタリ」という。鹿児島には今も「馬渡＝マワタリ」という姓がある。その帝国の中の小国の王には「マド・ワタ」がいるし、スサの王は「キタ」という名だった。

カッシート人は、そのまま「香椎人」だし、橿日の宮もこれにあう。その王称は「アグム」『記・紀』に出てくる天皇を指す言葉「吾君」とよく似ている。古代ギリシャ人はこの人々を

「コッサイオイ」と呼んでいた。この語尾の「オイ」は××人という意味。その前の「イ」は助詞である。だから沖縄の地名と姓である「古謝」や和歌山県の「古座」は、これに対する当て字の可能性がある。これは沖縄では今は「クザ」と発音されているが、文字からいくと「クジャ」。これは『魏志倭人伝』の「狗邪（クジャ）韓国」に合うし、清音では「クサ」だから「クサカ」日下、草香、孔舎衙などにも合う。天草なども関係がある地名のはずだ。

彼等は初期バビロンの東と東北部を支配し、暦の計算法を改善するなど高い文化を誇っていたから、頭脳の切れる人たちだったと思うが、日本ではその発音は「臭い」とか「クソ」とか「クセ」とか、余り感じのいい言葉とは結びつかない。これは「崇神天皇記」の「樟葉（クズハ）の語源はクソバカマだ」という記事などが、大いに関係しているとみるほかない。

憎俊寛が流された鬼界ガ島は、ギリシャ人の世界だった

ではカンジンのギリシャはどうだろう……。それはいちばん尊敬されていなければならない。ふつうの地名ではないはずだ。そうなのである。それはちゃんと日本建国の第一の聖地、あの「天孫降臨」の場所に与えられていたのだ。

キリシマがそれである。なぜか？　語尾の「マ」が国のことであるのはよくご存じである。

「ヤ」もまた「国・地方・土地・世界」を意味する。ギリシャ、イオニヤ、フェニキヤ、インディヤ、マラヤ、シベリヤ、カノヤ、アサガヤといったふうに使われている。

これは最初「ギリシャ山」と呼ばれていたものが、後世に当て字をするときには、実力者が、その国称を「マ」という人々に変わっていたため、そして清音人だったために「キリシマ」と変わった上、当て字も漢字化して「霧島」になった。

このキリは新羅の古名「鶏林」にも合う。鶏は福建語で「ケイ」。これは「キ」と聞こえるし沖縄では「キはチ」になる。「キリン」は「キリ之国＝キリシマ」のことだったのである。

また中国の正史『旧唐書』では倭国と日本国は別で、その日本の条件は鹿児島県に合うが、東と北は大山があって国境になっており、その向こうは「毛人の国」だと書いてある。その大山はぴったり霧島に一致するが毛は沖縄音「キ」。中国人のジン＝人の発音は「リ」と聞こえる。「シマ」は「之国」で「キリシマ」。これでみると『記・紀』に出てくる「毛人」はギリシャ系の人々だったことになる。でもなぜ彼らは「毛人」なんだろう？

『平家物語』の中に僧の俊寛《しゅんかん》が鬼界ガ島に流された話が出てくるが、それに「島には人、マレなりけり。おのずから人はあれども衣装なければ、この土（日本のこと）の人にも似ず。言うコトバをも聞き知らず。身にはシキリに毛生いつつ、色黒くして牛のごとし」と書いてある。裸で、毛深くて、がんじょうで、まるで牛のようだ、というのである。今でも中近東以西の人は私たちに比べて毛深い人が多い。これが一つの特徴としてとらえられ、ギリシャという名への当て字としても好都合なので、「毛人」という呼び名が定着した、とみていい。

これを見ると鬼界ガ島の「鬼」もこの「キ＝毛」と同じものであって、「鬼界」とは「ギリシャ人の世界」をあらわす名だったのである。それが『魏志倭人伝』の「鬼国」「鬼奴国」と密接な関係があることはいうまでもないし、なによりも私たちが今、検討している「鬼道」が、その人々の「道＝宗教であり、政治でもある＝法」だったのだということである。

これを見ると、「鬼道」とはアショカ仏教だったことが分かっただけでなく、その背後に、インド以西の古代文明と、それを運んできた人々の移動と定着が、明瞭に見えてきた。

沖縄は「貝」の国だった

それは、この地域が、三世紀当時の産業基盤を失ってしまったからである。私の研究結果では沖縄は世界最大の「貨幣」生産国だった時代が、縄文時代から七世紀ごろまで続いた。その貨幣とは「宝貝」のことである。しかし日本でも「和銅」が開発されるほどに金属貨幣が普及すると、それはもう山地に隔離して住む人たちぐらいしか、客がいなくなってしまった。

それはすでに中国という超大国が、弥生初期までに顧客名簿から脱落してしまったから、人々は新たな産業として水稲栽培に切りかえ、南九州を足がかりに日本列島へ、朝鮮半島へと移動していったのである。だから鬼界ガ島など自然条件に恵まれない島々には、取り残された脱落者しか住んでいなかったのだ。

ここでまた見落としてならないのは、その国が「貝の国」だったという事実である。この貝は鹿児島語では「ケ」と発音する。だから「ケ人」に「貝人」と当て字したものもある。そしてこれは鹿児島以外の土地、たとえば大和などでは当然「カイ人」と発音される。

『日本書紀』をみると、この「カイ」には「蝦夷」という当て字を使っている。そしてこれをカイとは発音せずに、「エミシ」と読ませている。ところが「毛人」と書いても「エミシ」と読むのである。『日本書紀』の編集者たちは、「ケ人」と「カイ人」とが同じ人たちであることをよく知っていたことが分かる。そしてそれを「エミシ」とだけ読んでいたのでは、こうした真相は永久に分からなかったことも、読者にはよくお分かりいただけたと思う。この蝦夷・毛人とは、今のアイヌの人たちだ。彼らは、ギリシャ人の子孫なのである。

前期バビロンの崩壊で日本、朝鮮までやってきた古代カリエン人

その「貝人」は、今の宝貝のインドや英語の名である「カウリー」「コウリー」と同じ系統

の発音で、「カウリー・高離人・カリエン・カレン・高麗」などと呼ばれてきた。韓国・北鮮をコーリアという語源である。先に、すばらしい絹を織る南海の「蛟人＝鮫人＝（中国発音＝カゥリェン）」のお話をしたが、その名も、やはり、この人々のことだったのである。

私は、幸いこの事実に早くから気づいていて、カレン語の数詞が日本語と同系であることなどを、テレビや新聞に発表していたが、視聴者の中の篤志家の好意で、ビルマのカレン人がこの一族であり、その語り部がタイ国に現存していると教えられ、タイの奥地まで調査にいった。前後あわせて一年半に十三回、フィールド調査をくりかえしたお蔭で、実に多くの情報をもち帰ることができた。

その結果分かったことは、このカリエン人たちは、前期バビロンの崩壊とともに四方へ散った国民のうち、東へ逃げた難民集団の子孫で、南インド経由で沖縄から日本列島と朝鮮半島へ広がったということである。インドの南の海から始めて、最近まで世界最大のタカラガイ産地だった沖縄に進出、そこを本拠に中国のイン（殷＝商帝国）にそれを供給して、その中国統一を実現させるなど、大規模な経済活動で東アジアの大勢力になり、高句麗、蒙古はその販売担当支社だったということになる。

それで私のまだ行けないでいる土地へいく友人たちに、その地の博物館で、古代の発掘品のなかにある貝貨や、貝製装飾品などの写真を撮ってきてもらって調べた。その結果、ほとんど沖縄周辺産であることが確認できた。カリエンの語り部が話した歴史は真実だった。

しかし高句麗にいた人々は不運だった。前漢が滅んだ後に政権をにぎった王莽《おうもう》と、聖徳太子の手紙をみて怒ったというので有名な隋《ずい》の皇帝・煬帝《ようだい》とが二度も彼らを攻めて負かし、男性を根こそぎ江南《こうなん》地方に移住させて水田の開発に当たらせた。その子孫が次第に西に広がって、雲《ウン》南《ナン》省から、さらに西に拡大し、現在のミャンマーのカレン、カレンニの二州を作った。

だから、彼らが縄文時代から日本列島にいた人々で、その後に入ってきた倭人とは区別する必要がある。しかしそれを前期倭人とみるならば、その勢力範囲は、日本から江南、そしてミャンマーまでの、広大な地域にまたがることになる。

ソナカ率いる仏教布教団は、カリエン人を滅ぼしたか？

こうした人々がいたために、インドと日本は常に連絡がとれていた。最初は難民であっても、経済が安定してくると、今度は自分のたどってきた、よく知っている地域に戻るもの、そこへ新たな投資をするものが出てくる。人の移動を一方通行だと決めてかかっていた過去の世界観は根本から間違っていたのである。だからソナカ氏はインドから次第に東へその統治圏を広げ、移動していくことができたのである。ではソナカからはカリエン人を滅ぼしたのだろうか？

その疑問は、『魏志倭人伝』になるとカリエンの名は消えて、「倭人」という名しか使われていないからである。しかし後世の「鮫人」の話で、沖縄では彼らは無事だったことが分かるし、『魏志倭人伝』にある「入れ墨」風俗はカリエン人のものである。それは私がタイ国その他、至るところで見てきたその人たちの特徴だから、間違いなくヒミコは彼等の女王だ。

実はカリエンは高句麗人だったのである。だから『日本書紀』は「高句麗」と書かずに必ず「高麗」と書いている。しかし、なぜ、ヒミコらは「倭人」と呼ばれたのか……。それはどんな意味をもった名前なのか……。まず、そのナゾから解いていってみよう。

そのカギは、ヒミコらが「倭人」と呼ばれる特徴はなにか、ということである。彼女らの特徴といえば、その風俗でもないし、女王国だということでもない。もっとほかのもののはずだ。こう考えてくると、その国の特徴は宗教しかない。それはシンドゥ教はシンドという国名だし、今でもまだ、イスラエル人はその宗教の名で「ユダヤ人」と呼ばれている。それは信仰のあるなしだけのことで、ユダヤ人という血統をもつ「人種」を指していたのではない。それは全然なんの血のつながりもない、あらゆる種類の人々の混成集団だったからである。

ヒミコの宗教は、いうまでもなく「アショカ仏教」だった。しかしこれと「倭」とはまるで似たところがない。まず「倭」はなんと発音するのか。それからたしかめてみよう。

「倭」とは女性仏教徒を意味する「ウワイ」

カールグレンのリストによると、それは上古音「ゥワル」中世音「ウァ」近世音「ウェイ」である。しかし、沖縄という地理条件を重視しなければいけない。なぜなら、あの「鮫人」の当て字は正確に沖縄住民の名を写していたが、それは南中国の発音だったからである。そこで福建（フーチエン）語では何というか調べてみると、上古音は「ウワイ」である。

これは鹿児島にだけある「ウワイ＝上井」という姓と同じ発音である。そしてもっと重大なことは、この言葉が中国の「優婆夷」と全く同じ発音だということである。これはインド語の「ウパシカ」への当て字で、その意味は尼ではないが仏を信仰する女性のことである。

沖縄へ移動する前のソナカ政権のことは、古代の南中国人たちにもよく知られていて、ヒミコの千人の侍女や沖縄のノロのような、多数の女性巫女が目立って、修道尼ではない髪のある女信者の国だというので「ウワイの国」と呼んで、それに近い発音の「倭」の字を使ったのである。それは前漢以前から使われているから、時代によって所在は次第に移動している。

しかし北部中国人である魏の帯方郡使や、陳寿たちにはそれがなにを意味するのか分からぬままに、古来からの当て字「倭」をそのまま使った。だからこの文字はカールグレンの漢魏音で読んでも、本当の意味が分かるはずのない文字だったのである。

ではそれは日本ではなぜ「ワ」と発音されるのであろうか？　中世音では「ウァ」なので、それが使われたというのがふつうの考え方だが、大隅地方では、この「倭」の文字との関係をいっさい知らないはずの人たちが、「上井どん」を「ワッどん」と呼ぶ。

大隅では支配者が、人々に呼ばれるままに「ウワイ」に「上井」という文字を当てて姓にした。しかし日本人は文字にはお構いなしに、鹿児島発音の「ワッ」だけを記憶して、現在に至るまで倭を「ワ」と読み続けてきたということになる。

ヒミコの平和主義とカースト制度

ヒミコらが、カリエン人と共存共栄をはかっていたことは、彼女の教えが、仏教だったことからみて、当然のことだった。しかし『魏志倭人伝』には、そこには「大人」とそうでない人とがいて、道で会えば、目下のほうが道をゆずり、うやうやしい態度でうずくまってお辞儀をするとか、入れ墨で階級が分かるようになっているとか、大人は四～五人も妻をもっているが、一般人は妻の数が少ないとか、返事のしかたまで違うとか、実に細かいところまで観察して、その厳しい「階級制度」について報告している。

しかし当時の中国・魏の政府も、官吏は強力な階級制度によって支配されていたのだから、それほど珍しいことではなかったと思えるのだが、それをわざわざ特記しているのは、中国では庶民に対する束縛が、そんなに厳しくなかったからなのである。

しかしソナカの初代がインドを出発したのは、紀元前三世紀の半ばだから、ヒミコの時代まで五百年たっている。それでも日本列島に到達したその支配者は、やはりソナカの名をもち続けていた。この数世紀にわたる永続する支配力はなにによるのだろう？　その答えは、その統治システムにある。それはインド独特の「カースト制度」である。これは「四姓」という階級を永久に持続させるシステムで、時代とは無関係に、機械的に「同じ仕事」をこなしていく。古代の変化の少ない経済基盤は、権力闘争ですべてが破壊される以外には、ほとんど変わらなかったから、その「権力闘争」が起こらないシステムの社会構造が、うまくいけば国は栄えた。

それはちょうど「アリ＝蟻」の社会である。だから今からみればずいぶん不合理な、非人道的なカースト制だが、当時はそれがうまく機能したし、また仏教の教義として「慈悲・絶対の平和主義」があった。だからカリエンその他の人々とも共存し、国民にも広く支持されたのである。このこともヒミコの「鬼道」の中身として、忘れてはならないものなのである。それがそのまま聖徳太子らの政治に引き継がれたことは、もうお気づきだと思う。

「三種の神器」は何を象徴するか

こうお話してくると、古代ギリシャと古代インドの、切り離すことのできない「接点」が、必ず、どこかにあったことを考えないわけにいかない。

そしてそれは「鬼道」に、仏教とシンドゥ教とギリシャ文化が渾然一体となっていることと、さらにインド文化がそのまま日本に移入されている事実から、古代にそんなことが可能だった唯一の事件は、マカダ国から派遣されたアショカ仏教宣布団の到来しかないことが、はっきり浮き彫りになって、読み取れるのである。

そして、その支配者「ソナカ」一族の名と、それに付随してきた人々の名までが記録の中に見つかり、さらにそれ以前に日本へ入った先駆者の人々の歴史もまた、中近東の古代名族の名の分布から読み取れることなどで、私たちのヒロイン「ヒミコ」の人種関係もほとんど明瞭になったといえる。彼女は、どこからみてもアーリア系の女性だったのである。

しかしまだ神と仏の関係や、天照大神であったヒミコの人種関係などに、不安感がまとわりつくかたのために、わが国で最も神聖不可侵の宝器として知られる「三種の神器」とはどんな意義をもつものなのか、ここで読者に特別に明らかにしておこう。

［八坂瓊の曲玉］　ヤサカニノマガタマ。八坂はヤバン。瓊は赤い宝石。すなわちヤバン産の赤い宝石で作った曲がった玉という意味の名だ。しかしそれは文字の意味だけで、それくらいのことは、これまでも分かっていた。

［八咫の鏡］　「マガタマ」は「マガタ国」。すなわちマガダ国を象徴しているが、それがさらに上級の「マケド」（人の国＝ニヤ）も象徴している。このことはもう少し後まで読んでいただくと、よく分かる。また先の三種の神器の原型の写真説明（第二章・扉）にあったリュキアの太陽象徴も忘れてはならない。それは『琉球』という国名にもなっているからである。

ヤアタノカガミ。八咫はハティ・アタ（阿多）だから「ハチアタ」と読むのが正しい。世界最高の金属文化と、後でお話する王権の象徴。これもヒミコを共立したアショカ仏教宣布団の重要な構成分子だったのである。

［草薙の剣］　クサナギノツルギ。このクサも古謝（クザ）、日下のところでお話した人々、「カッシート＝香椎人」（の王＝ナキ）を示している。これは八俣の大蛇を退治して得られた剣だから、一度、スサノオに奪われて、返されてきたもの。このカシーはマレー、インドネシアでは「愛」を意味する言葉で、ヒミコの別名になっている。

三種の神器とは、ヤヴァナ人を頭に、パティ人、カッシート人で構成された倭人文化の象徴だったのである。それはまだ深い意味を暗示しているが省略するしかない。

ロシア沿海州にいたギリシャ人

残りのページ数が少なくなったので、三種の神器の深い意味は紙数の関係で省略したが、倭人連邦の主力であった「ヤヴァナ人」とは何だったのか？　これは省略することはできない。だがヒミコたちの人種構成が分かった今では、それは簡単に見つかるし、即座に承認できる問題である。それは後に日本全国に祭られた「八幡」なのだ。

あらゆる角度から「八幡」の語源を検討して、一致点のないものを消去していくと、あとに残るのはインド・サンスクリット語の「ヤヴァーナ」だけになる。これは「ギリシャ人」という意味である。しかしまだこれでも、三世紀の日本にギリシャ人がいたとは信じられない人のために、『魏志東夷伝』に記録されている、高句麗よりさらに東北にあって大海（日本海）に面した国「悒婁＝ユーロー」をご紹介しよう。

そこは今のロシア沿海州なので「劇寒」なのに、夏は裸、冬はイノシシの脂を体に塗って、毛皮を着る、と書いてある。この国名でわかるとおり彼等は「ユーロピアン」であり、裸が日

左＝ワイン用の鉢のレリーフに描かれた半裸のギリシャ兵士。
（フランス・ヴィクス出土、ルーブル美術館蔵）
右＝トルハルバン石像（『済州島古代文化の謎』成甲書房より）

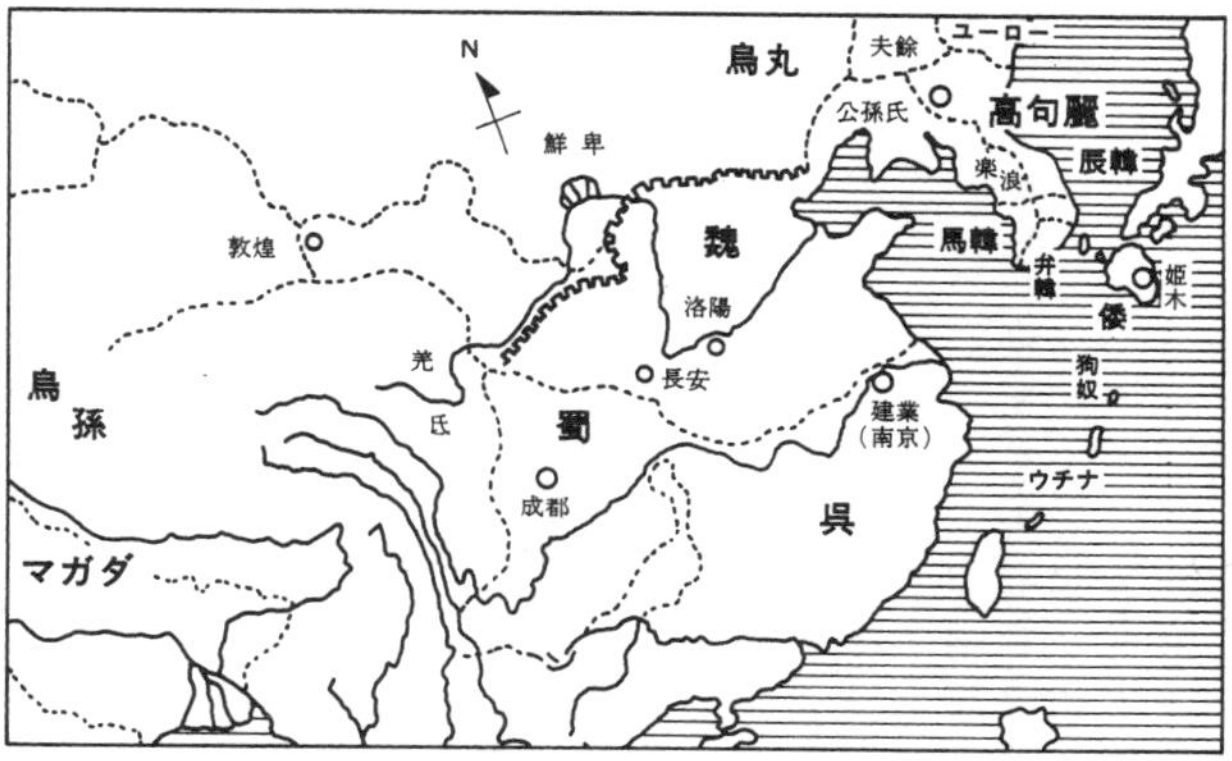

ヒミコ時代の東アジア。当時烏孫は敗北して難民は四散していた。

常だったのは、土器に描かれた風俗で証明されるギリシャ人独特のスタイルなのである。

そして当時「ユーローパ」と呼ぼれた地域は、地中海東岸にあったフェニキアから見て西の海の彼方の国のことだったのである。それはギリシャ神話の中の次のお話でよく分かる。

牛にさらわれたユーローパ姫

悪い夢を見て不安になったフェニキアの王女ユーローパ姫は、侍女を連れて浜辺へ花つみにでかけた。するとそこにいたマッ白で美しい牡牛が、いかにも背中に座れというように、姫のそばへきて寝そべった。王女はついそれに座ってしまった。

すると牡牛はいきなり立ちあがって走りだし、海に飛びこんで泳いでいってしまった。恐ろしさに姫がシッカリ角につかまっていると、牡牛は「怖がらなくていい、私はゼウス大神だ。クレタの島までいって私と楽しく暮らそう！」といった。

父王はたいそう悲しんで二人の王子にさがしに行かせる。王子たちはとうとう見つけられずに、行った先で新しい国を作った、という話がある。おわかりのようにフェニキア人から見て海の向こうがユーローパ姫の行った国、「ユーローパ」で、今のヨーロッパとは違うのである。

だからそれはフェニキア系の人が、バルカン半島系の人たちを呼んだ名だ。「悒妻伝」に書いてあることは、全てギリシャ人のものと一致している。そしてそこは「粛真（チュクチ）氏」の国だったと書いてある。このチュクチは漢字で書くと「筑紫・菊池」で、もと九州を支配していた人たちである。その人たちが北へ移動し、それを追ってギリシャ人もまた北へ移動した。そこは「赤玉」の産地だと記録されている。それが「八坂瓊の曲玉」の原石なのである。

第七章

ヒミコはなぜ女王に選ばれたか

白拍子・静御前　「静や静…」の悲劇で有名な白拍子や座頭などは、大隅・正八幡宮が派遣した人々だった。隼人町には日本武尊が熊襲を退治した拍子という遺跡がある。この「白」は鹿児島にあった古新羅の名残り。

仲哀天皇＝ソナカ＝天稚彦《アメノワカヒコ》の死の真相

ヒミコはなぜ女王に選ばれたか？　読者が知りたかったこのナゾを解く順番が、やっと回ってきた。彼女はソナカすなわち「仲哀天皇」の皇后だった。でも仲哀天皇や神功皇后の記録だけでは『記・紀』ともに、その前後の事情はサッパリ「闇の中」である。

しかし私たちは違う。その暗黒を通してはっきり真相を見ることのできる、赤外線望遠鏡のようなものをちゃんともっている。それは「別名」だ。

「天日矛」がその一つだった。これとぴったり一つになる人物が、天照大神と一緒に出てくる話が、まだあとに残っている。その別名が「天稚彦」なのだ。

この名のうち「日と稚」以外は同じだともう分かっているから、この二つが同じかどうか、調べてみよう。「稚＝チ」、このチが沖縄から本土に変わると「シ」になる。そして鹿児島では「日＝シ」だった。だから「天稚彦」は沖縄発音への当て字。「天日矛」は鹿児島発音への当て字で、字は違っていても、人は同一人物だとはっきり確認できる。

彼は一体、なにをしたのだろう？　『記・紀』ともにそれを書いているが、少しずつ違いがある。しかしこの本ではあらすじさえ分かれば充分だから、本文には『日本書紀』のほうを使い、『古事記』の話は使わない。

天照大神の孫ニニギのミコトを、葦原の中国の国主にしたいと思った母方の祖父タカミムスビ（高皇産霊）のミコトが、そこへ次々に将軍を派遣するが、どれもこれも、その国の王・オオナムチ（大己貴）の神に丸めこまれてさっぱり、ダメ。一人も帰ってこない。

そこでアメのワカヒコ（天の稚彦）が派遣されたが、これもウツシクニタマ（顕国玉）の娘シモテルヒメ（下照雉）のむこになってしまって、「僕もこの国を治めることにする！」と、帰ってもこなければ、報告もしない。

そこでナナシキジ（無名雉）にスパイに行かせる。キジが門の前の木の上から見ていると、アメノサグメ（天探女）がそれを見つけてワカヒコに知らせたので、ワカヒコは弓で射殺してしまった。ところがその矢は胸を射抜いて、タカミムスビの前まで飛んでいって落ちた。

タカミムスビがそれを見るとワカヒコに与えた矢だったので、「ウン！　ワカヒコは戦っとるワイ！」といって、その矢を投げかえしてやる。するとそれがワカヒコの胸に命中して死んでしまったのだ。妻のシモテルヒメは天にとどくほどに泣き悲しんだ。

九一三年、菅原道真《すがわらみちざね》が死んだころに、政府が作った儀式の規定書『延喜式《えんぎしき》』には、全国の主な神社の神の名を書いたり、祭りの方法を書いたりしてあるが、その中に「下照比売は比売許曽の神」だと書いてある。それがヒミコだとは知らなかったが、分かっているだけの本当のことは書いてあるのである。

日本にもいた⁉　アレキサンドロス

これがナゾの仲哀天皇の死の真相なのである。それはおとぎ話化しているが、なにがあったかは推理できる。「ヒメコソに惚れたソナカ」「熊襲退治にいった仲哀天皇」は「命令にそむいたために味方に殺された」のだ。彼は「この国を治める」と誓ったのだから王になっていた。仲哀天皇になっていたのである。

天皇が死んだので姫は摂政「神功皇后」になった。そして「倭人連邦の女王」に共立されて「卑弥呼」という称号で呼ばれることになった。その仕事が「天照大神」で、彼女のいたところが「姫城」だったから、彼女は「ヒメグスッ」と呼ばれ、「比売語曽の神」として祭られた、ということになる。これでヒミコについては「ほとんど」分かったことになる。

だからアタマ休めに、ワカヒコが死んだあとの、面白いエピソードをお話しておこう。

「下照姫が泣く声が天にとどいたので、ワカヒコの父・天の国玉は死骸を天に運ばせて、喪の小屋を建ててお通夜をした。すると葦原中国からワカヒコの友人アジシキ・タカヒコネの神「阿治志貴高日子根神」（色々な当て字があるので一つだけ書いておく）が弔いにやってきた。

ところが彼はワカヒコに瓜二つだったので、人々は驚くやら喜ぶやらで、皆とりすがって、「死なずに生きていた！」と騒いだ。するとアジシキは怒って「僕は親友の弔いにきたのに、けがらわしい死人と間違うとは失礼な……」と、剣を抜いてその喪屋を切りすて、足で蹴倒してしまった。それは天から地上に落ちて山になった。いま、美濃の国（岐阜県）のアイミ（藍見）河の川上にある喪山が、それなのだ」というのである。

ところで二人が似ていたのは、姿かたちだけではない。その名もまた、同じ人のもつ二つの称号を二人してもっていたのである。しかもその名はなんと⁉「アレキサンドロス」だった！

それを簡単に説明しよう。それは次のような一致をもっているのだ。

アジシキ・高日子・根

アレ　キ・サン　・ドロス

「ジ」と「レ」がナゼ同じなのか？　そのナゾときから始めよう。漢字の当て字には色々な字が使われるが、「爾」という字は漢音では「ジ・ニ」と発音され、日本読みでは「カレ」として使われる。これは彼のことではなくて「だから」とか「そのため」とかいう意味の「故に」という文字と同じに使われている。また中国ではこれを「ラ行」にも使う。毘爾靡はビルマ。洽爾堡はアレッポである。阿爾と書いたものは「アジ」「アレ」などと読めるのだ。

また「ラ行」が「ナ行」に変わる韓国の例は、なんどもお話したが、二郎と書いて「ジロウ」と読むように「ナ行」は「ザ行」でも発音されるから、それでも「レ」と「ジ」が移り変わる。三字目の「シ」は助詞の「之」の字で、省略する習慣があるから、あってもなくても同じだ。

次は「高」。これはアラビア語で「サン」というが、「日」と「子」も英語では、どちらも「サン」であることはよくご存じのとおりで、インド～アーリア語の中では、特に共通語の多い発音なのである。だから三つとも「サン」に対する当て字が、ここで複合しているのだということになる。

なぜ、そんなことが起こるのか？　それはもうお分かりのように、当時の日本列島では複数の言葉をもった人々が共存していた。それが原因なのだ。コトバのちがう者どうしが話す必要がある場合、通訳がいれば問題ないが、全部の人が通訳をやとうわけにはいかない。

だから、ある言葉が特に重要な場合、または意味が通じにくい場合のために、双方の言葉を二重、三重に重ねて話すことが実行されていた。ご存じの「枕ことば」などもその仲間だ。

それはちょうど『辞書』のように「同じ意味の異なった言葉が並んでいる」から、私はそれに「辞書ことば」という名をつけた。ここでそれをお話していると、また本筋が分からなくなるので、ここではこの「高日子」が、一つの「サン」という発音をあらわすために、三つ重ねて並べられたものだということだけ、憶えておいてほしい。

最後の「根」は、前に「大根占」のところで、あとで詳しくお話するとお約束した文字だ。とうとう、それを実行するときがやってきた。それは世界でもちょっと例のない「五重ナゾ」の話である。古代日本人が、どれくらい賢かったか、よく分かると思う。

四カ国語から成る「根」のコトバの五重ナゾ

古代の日本人が、どんなに賢かったかという証拠のその話は、『日本書紀』のなかの「敏達《びだつ》天皇紀」十二年十月のところにある。

「天皇がキビのアマベのアタエ（吉備海部直）・ハシマ（羽嶋）を、ニチラ（日羅）という名の人を呼びもどすために、百済（クダラ）へ派遣した。羽嶋は非公式に密かに日羅を訪れた。すると韓の婦人が出てきて韓のことばで『汝の「根」を、我が「根」の内に入れよ』といって家の中に入ってしまった。羽嶋はその謎の意味を理解して婦人について入った」という記事がある。このとき百済は日羅が帰国するのを厳重に警戒していたので、警備の兵士に聞かれても分からないように用心して、そんな暗号を使ったのである。

この話で、このナゾかけの主語「根」は、一語で三つの意味を持っていたことが分かる。なぜなら本来の根の他に、「汝の根」と「我が根」の二つの意味があったからである。そしてその意味は「家の中に入れ」という返事になっていたのだから、「汝」の方は「足」であり、もう一つは「家」を意味していたはずである。

韓の婦人のことばは朝鮮語だというのが普通の考え方だが、それだと、根は「プリ」。足は「パル」。家は当時の文献からみて「ヘ」か「ドン」か「パン」で、全然、一致しない。

このナゾが解けるコトバを、世界中の言語の中から捜してみると、マレー語の「足＝カキ」だけがうまくいく。『汝の「カキ（足＝マレー語）」を、我が「カキ（垣＝日本語）」の内に入れよ』という意味がとおり、暗号として役にたつからである。

ということは、そこに書かれた「韓の語」とは今の朝鮮語ではなくて、マレー語と日本語が両方とも、はいった言葉だったということになる。

だが「カキ」の発音は分かったが、何故それを「根」という漢字で書いたのだろう？ これもまたナゾだ。そこで根と足と垣とが同じ発音になるコトバはどこかにないか、もう一度、世界の言語を調べてみた。

するとそれはペルシャ（今のイラン）語の中に見つかった。

ペルシャ語では「根」を「ダル」という。日本語では「足」を「タル」と読む。百人一首式のニゴラない読み方だとすれば、これは同じコトバとしてあつかえる。ではマレー語にも合うだろうか？

『古事記』序文には「帯」を「多羅斯（タラシ・タラス）という」と書いてあるが、それと同じ部分に『日本書紀』では「足」の字を使っている。その「帯」はマレー語で「タリ」だ。「根」の字が「足と垣根」を意味したのだから、この三つの発音は共通でなければならない。「ダル（根＝ペルシャ語）」「タル（足＝日本語）」「タリ（帯＝マレー語）」と並べてみると、それは発音が似ているだけでなく、意味もまた共通していることが分かる。

根は植物の足である。根も帯も下に垂れているもの。こうみてくると足を「タル」と発音する日本語は、この二つの言葉と切っても切れない関係にあるとみるほかない。また足の字は、中国から来たが、中国でもこの字は「脚」と「プラス」の二つの意味に使っている。

しかし、その発音は「ソク」系統のもので、「タリ」とは無関係である。だから文字と意味は中国から借用したが、日本語の「タリ・タル・タス」などは、別の言葉と親類関係にある。その親類語が今、「二つ」見つかったのである。

根子の発音は「ネコ」ではなかった

しかし「帯・足」が「タリ」では『古事記』のいう「多羅斯（タラシ・タラス）」とは合わない。これはどうなるのだろう。

七世紀に書かれた中国の正史『隋書《ずい》』の「倭国伝」に「倭王、姓は阿毎（アメ）、字《あざな》は多利思比孤（タリシヒコ）」と記録されているのを見ると、やはり「タリ」の方が正しくて、「タラ」と書いた『古事記』序文の方がなまっているといえる。まさかと考えがちだが、よく考えてみるとこれまでしてきたことは、『記・紀』の読み方、発音が間違っていたことの立証と訂正だった。『記・紀』も従来の教育も盲信できない相手だったのである。

足と根が同音だということになると、天皇名にたくさんついている「根子」は従来のような「ネコ」という発音でなくて、「足」「帯」と同じく「タリシ」または「タラシ」と読まねばならなくなる。こう分かってみるとその韓婦人は、単に垣を「カキ」というだけの、単純な謎を掛けたのでなくて『汝のタルを我がタルの内に入れよ』といったということが、はっきり分かってくる。それでなくては見張りの兵士に解読されて、暗号として役に立たない。

また沖縄では「ネ」は「ニ」、「シ」は「チ」と発音するから「根子」の漢音は「ニチ」で、『魏志倭人伝』の伊都国の最高官の官名『爾支（ニチ）』にも完全に一致する。

これで「足」「帯」だけでなく「根」も「タリ」「タル」「タラシ」などと読むのだということが分かった。先の「高日子根」の根もそう読んでみよう。

「アレキ・サン・タリ」……どこかで聞いたような名になった。「アレキ・サン・タラシ」にすると、これはアレキサンドロスという名だぞ……と分かってくる。アラビア語の「ダル」といれかえると、「アレキサンダル」。これはいっそうはっきりそれが分かる。これで仲哀天皇のツルカルニンと、この名とが、どちらも同じ人物の本名と別名だと分かったと思う。

これがツルカルニンだけなら「他人のソラ似」だ。しかし二つの同時存在の名がどちらも、こんなに合うことはない。そして「ヨナ国」はじめ、実にたくさんなギリシャ名詞が続々見つかっているのである。

済州島に倭人＝イオニア人の証拠

済州島研究所長だった歴史家・宋錫範氏の『済州島古代文化の謎』（成甲書房刊・一九八四年）に、倭の別名である「ヨ」または「イェ」のついた、倭人が住みついたために名づけられたと考えられる地域と、村の名が挙げてある。

ヨンルイ。ヨウネ。ヨレムル。ヨクモッ。イェチョン。イェリ。イェジムル。

この「ヨ」は「ヨナ」を「ヨ国」とみた名残りだし、「イェ」は「イオニア」により近い。そして『魏志東夷伝』の中には、この島のことを「馬韓の西海中の大島にいる人たちは、ほとんど裸に近いが革の上着だけ着ている。そして船で中国や韓国と行きききする」と書いてある。

ギリシャの赤絵の壷などに描かれた当時の風俗を見ると、兵士は革のヨロイを着ているが、ごく短いスカートをはいているだけで、胸も腕も脚も裸である。全然、服装のちがう中国人からみれば、腕も脚もまる見えの姿は、ハダカ同然に見えたのである。

このギリシャと日鮮との関係が不明のあいだは、この人たちの上着は、獣から剥いだだけの毛皮に穴をあけて着ていた、と想像されていただけであった。しかし今は違う。たとえばその島の名物になっている古代の石像トルハルバン（石のお爺さん）の顔は目も鼻も大きくて口がひっこんで「刑事コジャック型」だ。おまけにギリシャ帽までかぶっているのである。

「角がある人」はヒミコのこと！

読者はもうワカヒコがソナカであることは、よくご存じである。ソナカの別名には「角我阿羅斯等」というのがあったこともご記憶だと思う。そして韓国の大統領の姓などで、「ラ行」の発音が「ナ行」になることもお話しした。だからこうなる。

ツヌガアラシト　（シト＝ヒト＝人）　日本語　角我阿羅斯等
ツルカールニン　（ニン＝ヒト＝人）　ペルシャ語　Zulkarnein

そして面白いことに、このツルカールニンも、やはり「角《つの》のある人」の意味をもったコトバなのだ。それはアラビア語でドゥル・カルナイン、正確には「二本角のある人」という意味だ。

だからペルシャ語は発音をまねただけで意味はない。そしてこれまで語源だと信じられていた、そのアラビア語も、実はほかのコトバに対する「当て字」だったのである。

そのもう一つ前のコトバはイランからアゼルバイジャンにかけて、紀元前一千年前後に発達した青銅器文化をもち、濃厚な遺物を残したルリスターン人のものだった。

さらに、そこから東西に分かれて東は日本の銅鐸《どうたく》文化を展開した弥生人の一派になり、西ではハンガリー人として今も残り、さらに北上して有名なアッチラ大王を生み、今はフィンランド人として定着した。あの釋迦を出した集団「ギリシャ人にスキュタイと呼ばれた人々のグループ」のコトバだったのである。

それは前にもご説明したフィン・ウゴル語だ。

そのコトバでは「ｔｕｌｋ＝通訳」「ｋａｌｕ＝物ごと・要件」「ｎａｉｎ＝女性」である。「ツルカルナイン」とは「重要なことを通訳する女性」、簡単にいえば「女通訳」であるが、少し違う点はふつうの通訳は「ナンでもカでも」通訳するのが仕事だから、ただ「ｔｕｌｋ」だけで充分なのである。それなのになぜ、こんなにゴテゴテとコトバを並べたのだろう？

それは、当時のその地域の王たちが残した粘土板の文書を見れば分かる。そんな「名乗り」は王や貴族たちが好んでつけた「称号」なのだ。だからその「物ごと・要件」といったコトバは、人間が話すコトバではない。それは「神のコトバ」なのである。それを人間に分かるように、「通訳」する「女性」。それが「ツルカルナイン」の本当の意味だったのだ。

「ヒゲ剃り器」業界の神様アレッサンドロス

アラビア人がそれを聞いて、自分たちのコトバで「二本角のある人」と誤訳したその称号が、アレッサンドロスのアモン神化志向と合った。彼は自分で、羊の角を自分の頭につけたという記録があり、彼の伝説をフクラマスのにハッキリ役にたった。だが彼自身、それが「女性」に対する称号であることを知っていたらしい、いちじるしい痕跡がある。それは彼が当時としては実に奇妙な習慣を、死ぬまでもち続けていたからである。

当時のギリシャ男性、ことに武将は見事なヒゲを誇っていた。これは先進国であるエジプト王たちが、十八歳で死んだトゥト・アンク・アメン（英語なまり＝ツタンカーメン）王でさえ、あごの下に大きなつけ髭をつけていることでも、古代人のオシャレのあり方が分かる。

地中海をはさんで向かいあった発展途上国ギリシャは、当然、それに影響されて、軍事大国らしく「武張《ぶば》った」ヒゲが武将のたしなみだったのである。だから、「王の中の王」アレッサンドロスとしては、つけ髭をしてでも威厳を保たねばならないのに、逆に朝晩異常なほどに、ヒゲを剃り続けた。人々はそれを子供っぽく、若く見せようとするのだと解釈した。

近臣フィロタスは、大王にとって最も頼れる重臣で名将のパルメニオの息子だったが、恋人とのないしょ話で「大王はヒゲも生えない子供だよ！」と、つい悪口をいってしまった。

愚かなその娘は、それをまた友達に話してしまった。そしてたちまち大王の耳に入って、激怒した大王は裁判にもかけずにフィロタスを殺した。そして父親の復讐を恐れて悲報がとどく前に、何も知らない父親まで暗殺させてしまった。

神のコトバを伝え歩いたヒミコの「千人の侍女」

こうしてみてくると「韓語」とはなんだったかが次第に見えてくる。それは朝鮮語とは全く関係がなく、実に多くの「言語」を知っていた女性のコトバのことだった。それは間違いなく「通訳のコトバ」であるから、（韓＝通訳）という答が出る。彼女が女性であることは、彼女もまた「ツルカルナイン」の一人だった可能性が強い。

しかし、それは女王ヒミコだけの称号ではなかったのか？　それは時代が違うことを考えなければならない。アレッサンドロスがそう呼ばれたのは紀元前三〇〇年のころだった。ヒミコがそう呼ばれたとすれば、それは三世紀のことだった。そして今、話題になっているのは、それからさらに三〇〇年以上あとだとされる敏達天皇の時の話である。

ヒミコの遺跡である鹿児島神宮は全国の八幡様の総社として、鎌倉時代には「静御前」などの「白拍子《しらびょうし》」を全国に派遣していた。ヒミコの「千人の侍女」もこれと似たものか同じものだったとみていい。

彼女らは、大隅まで「ツルカルナイン・ヒミコ」に会いに行けない人々のために「出張して」神のコトバを伝えた「通訳」だったのである。拍子とは拍手のこと。白は新羅のこと（といっても、これは鹿児島のこと）で、彼女らが神に祈ってから感情のこもらない「白けた言葉」でおごそかに神の教えを説いたことが分かる。

こうみてくると、その「韓」は「カン＝神」であり、「カラ」は「ツル・カル・ナイン」の省略された「通訳・巫女」の意味であり、それは地名でもあったことになる。

それはいったいどこだったか？

霧島山には、カラクニミダケ（韓国見岳）という最高峰がある。いくら高いといっても、そこからはとても韓国は見えない。ではどこが見えるのか？　それは姶良（アイラ）郡一帯である。そして気をつけて字をよく見ると、姶良は「カラ」とも読めるのである。「合」の字は合羽を「カッパ」と読むように「カ」「カッ」の音ももっている。「葛城（カツラギ）」というのも古くこの地方のことだったことは、その姓が残っていることで証明されている。

また『古事記』の「天孫降臨」のところには、高千穂の峰に天降った時に、ニニギのミコトが言ったというコトバが、こう書いてある。「ここは韓国に向かい、笠沙（カササ）の御前《ミサキ》を真来《マギ》通りて……」。笠沙は薩摩半島の西端だから、それより手前に韓国がある。大隅の東端にある高千穂の峰から近いのは、やはり姶良郡しかない。

またカラという言葉は、中国系の発音では「ハラ」になる。韓もハンだし、海はハイである。だから「バラもカラも同じ」という意味の日本語がある。それは兄弟姉妹を意味し、同じ国民を意味する「ハラカラ＝同胞」だ。これは古代日本が同和政策の国だった証拠である。

そしてそれはさらに重要な問題を解決する。それは古来、八幡と同一人だと信じられている応神天皇の都がどこにあったか？　という問題である。

応神天皇の皇居は鹿児島神宮にあった

『日本書紀』の、この天皇の記事には、それより前の天皇の記事と違って、どこに都があったという記載がない。だから『古事記』に書いてある「軽島」の「明の宮」だけが頼りである。

これは過去の史学では、神武天皇が大和に都を開いてからの話だから、当然、大和すなわち奈良県の中にあったものと決めて、全然、疑問に思わなかった。

しかし今、神武天皇よりはるかに後世のはずの、仲哀・神功皇后朝とされたヒミコの都が、隼人にあったという事実が分かってみると、応神天皇の東征の記録がない以上、大和と考えるのは無理だし、『日本書紀』には「明の宮で崩じた」と書いてあるから、移動の事実はない。八幡がこの天皇だといわれている以上、隼人町から移動したとは考えにくい。

では「軽島」の「明の宮」とはどこだったのだろう？　鹿児島の「児」の字は先の「爾」とともに上古音「ニャル」中世音「ンヂェ」近世音「ェル」で、言葉の頭に使うときは「ニ」か「ジ」だが、中間か語尾に使うときは「L音」に使っている。

だから鹿児島は「カルシマ」。軽島と同じものだったのである。「アカルの宮」も同じカルに「阿」という敬語がついたものとみるか、ヒメコソの本名「アカル姫」の宮かのどちらかである。どちらにしても語源はツルカルナインから出ているのである。

その陵がどこにあるかを『古事記』は、「川内の恵賀の裳伏の岡」にあると、書いている。従来はこの川内を単純に、大阪府の河内のことだとしてきた。たしかにそこには世界最大の陵である応神天皇陵と呼ばれてきた古墳がある。しかしそれが、これまで考えられてきた「墓」だとすればなぜ、南九州の果てで死んだ天皇を、皇居からとんでもなく離れた河内にまで運んで埋葬する必要があったのだろう？

これは『古事記』の書く「川内＝センダイ」が正しくて、それは鹿児島県の川内市の中にあると考えたほうが合理的である。そして河内の羽曳野市にある「誉田（ホムタ）天皇陵」が、真実の応神天皇陵だとすれば、それは「墓」ではなくて、「ストゥーパ」でなければならない。それでこそ初めて、それを建造した人々がアショカ仏教の正当な継承者だといえるからである。『日本書紀』は陵がどこにあるかも書いていないが、こう書いている。「一（書）はいう、大隅の宮で崩じた」と……。それでこそ八幡様なのである。『正八幡縁起』には「八幡は大隅にとどまった」と書いてあって、母の行った福岡へも行っていないのだから……。

これで「応神天皇が君臨した・河内王朝」というものが、まぼろしに過ぎなかったことが、お分かりになったと思う。この天皇の母は福岡県へ行ったオオヒルメのほうである。老卑弥呼とは別人の、もう一人の神功皇后＝壹與である。その子である応神天皇の皇居がなお隼人町にあった。その母の先代にあたる女王「卑弥呼」は、これまでの数々の証拠が立証したとおり、まちがいなく鹿児島にいて、そこで死んだことが分かる。

『記・紀』が混乱しているわけ

大多数の読者は、これで少なくとも「二人の八幡がいた」ということを、はっきり理解していただいたと思うが、念をいれて、「ヒミコ」と「イチヨ」とをちゃんと整理しておこう。

①「オオヒルメのムチ」

沖縄県の島尻郡伊是名島で、イザナキ・イザナミ夫妻の子として生まれ、弟ヒルコとともに幼くて島を出て「ヒメゴソの神」になっているとき、ソナカの妻になり、その死後、倭人連邦の女王として君臨していたが、老後に魏の朝鮮半島侵略が起こり、その侵略を警戒して、鹿児島県隼人町に遷都ちゅうに、弟スサノオ＝狗奴国男王と争って死んだ天照大神が、『老ヒミコ』のほうで、ヒルコが最初の八幡（ヤヴァーナ＝ギリシャ人）である。

②［オオヒルメ］

こちらは「震丹国の陳大王」の子供で、伊是名島出身ではない。七歳で子供を生んだという理由で流されて、大根占に上陸、神功皇后として麛坂王・忍熊王と戦い、それを破って女王として君臨、福岡に行って「香椎聖母大明神」になり、幼児の八幡は大隅に止どまった「正八幡」である。これは「イチヨ」が狗奴国男王に「ヒミコ二世」として利用され、その政権争奪戦争の象徴として、卑弥呼の敗死後、女王として君臨したことと一致する。

また彼女が九州北部へ転戦していったあとに残って、留守を「隼人朝廷」で治めていたのが、「応神天皇」であって、ヒミコと同年配の「男弟＝老ヒルコ＝初代八幡」とは別人である。

二人のオオヒルメ。二人の八幡。二人の神功皇后の混乱はなにが原因だったか、それは代々受け継がれる『名乗り』であり、複数の人の歴史であるものを、『個人名』だと錯覚して、「複数」の人を「一人だと思いこんだ」『記・紀』の編集者たちが、同じ名乗りのある記録を『個人』に区別できずに、ゴチャ混ぜにしてしまったということである。そのままではとても「歴史記録」として使えないのが『記・紀』だと、よくお分かりいただけたと思う。

第八章

黄金の女王ヒミコの
黄金の国建国物語

ギリシャ人の髪色（BCE5 世紀，キュクラデス出土） 壺に描かれた二人の髪の色が描きわけられている。（グーランドリス夫人蔵）

「鬼道」は神道になったのか？

私はこれまで便宜上「別名」と呼んできたが、ここでそれを修正しておこう。古代ペルシャは紀元前六世紀にバビロンを滅ぼした。そして帝国の領土は西はヨーロッパから東はインドにまで及んだ。それが紀元前三三四年、アレッサンドロス大王のものになった。それ以後、紀元前三世紀には、その地域に住む男子は皆、名前を二つもつようになっていた。そして二番目の名は必ずギリシャ名をつけたのである。

だからソナカらがアレキサンダルという名をもとうが、ツルカルニンという名をもとうが、それは不思議でもなんでもない。それが異様にみえたり、アレクサンダーの子孫にみえたり、大王の名をカタる誇大妄想狂にみえたりするのは、「無知」だからなのである。

そして日本でも、やはり「ナンの×ベエ・○○」といった二重名が明治の初めまで実在した。アレッサンドロスの影響は現代まで、「無形文化財」として、たしかに日本に残ったのである。

だが、それよりも本題は「鬼道」である。もうこれで日本とギリシャとの深いつながりは、充分おわかりいただけたと思うので、本線へもどろう。

「鬼道」がどんなものか大体分かったが、まだ疑問が残っている。それは仏教とも神道とも、どうも様子が変わり過ぎていることだ。それはインド発生か、それともヒミコの人種構成に見るように中東起源のものだろうか。ひとつ日本以外の痕跡を調べてみよう。

先に倭と同じ「エンブダイ」からきたらしい名にだまされた「ジャワ・邪馬台説」を見たが、あそこはなにか教えてはくれないだろうか？

魏の次の晋《しん》が末期に余命を保った東晋王朝の時代、三九九年にインドへ旅してマカダ国へも行き、『仏国記』をのこした中国の僧法顕《ほっけん》は、仏教史上では最も有名な人物の一人だが、その『仏国記』の中にも、彼がその旅で実際に見た「ヤバダイコク＝耶婆提国」が登場する。

これは名は邪馬臺国に似ているが、彼が記録した旅程と、その位置関係からみて、それが例の「ジャワ・邪馬台説」のヒントになった当時のジャバ国、現在のインドネシアのジャワ島のことだと、はっきり確認できる国である。

その国は、その当時「シンドゥ教国」で、仏教徒も少しはいたが、それはごくわずかだったと書いている。これは前にお話したように、国の名前はもともと「ジャムブ・ディパ＝中国の当て字＝閻浮提（エンブダイ）」から、「ジャバ」になったものであった。

だが、この法顕の当て字では「ヤバ」とは読めても「ジャバ」とは読めない。これは日本のほうも「ジャマダイ」から「ヤマダ」に変わったのと、全く同じ現象をみせている。

ここで少し読者の誤解をといておかねばならない。それはシンドゥという名の本当の意味だ。

インドでシンドゥ教が、宗教として発展し定着したのは、ヒミコ時代よりずっと後の八世紀のことである。そしてインドには宗教というコトバはなかった。だから日本で、古代に呼ばれた「シンドゥ」も宗教名ではなくて、シンド人という「種族名」だったのである。

またジャワで「ジャバ」が「ヤバ」に変わった法顕の時代に、そこでは「仏教」はすたれて「シンドゥ教」になっていたように、倭国でも「鬼道」がすたれて「神道」に変わり、同時に「ジャマダイ」も「ヤマダ」に変わった、という相関関係がはっきり認められる。

ということは、ここで疑問になった「鬼道と仏教と神道の違和感」の原因は、「神道」とは鬼道ではなくヒミコの後の「人種名」だったためなのだ。鬼道は神道ではなかったのである。では「仏教」であったのか？　まず「ジャ」音を「ヤ」音に変えたものはなんだったのか？それから解いていこう。

シバの大神のやってきた道

それを解くキーは、ジャワよりもインドよりも遠く、はるかなアラビア半島の南の果てにあった。それは『旧約聖書』のソロモン王の話で有名な、あのシバの女王の国「ヤマン＝英語なまり＝イエーメン」である。

これは一見しただけで「シバ」と「女王」と「ヤマ」とがトリプルになっているのが分かる。しかしソロモン王は紀元前一〇世紀の人で、卑弥呼とは余りに時代差がありすぎる。名前だけが一致する「ソラ似」ではないだろうか？

世界地図を見るとすぐ分かるが、アラビアとインドはアラビア海をへだてているだけである。そしてアラビアは航海術では最先進国で、今の航海術の大半はアラビア起源なのである。よくご存じの『船乗りシンドバッドの冒険』が、それを簡単に証明している。だからアラビアとインドの文明が相互に伝わるのに、手間ひまはかからない。それは両方とも商売に命をかける人たちで、アラビア海を少しもおそれなかった人々だからである。

これは、シバ信仰の移動コースを教えてくれる、と同時に、その中身も教えてくれる。アラビアは強烈な太陽の照りつける国である。太陽は人間を簡単に焼き殺す絶対神であった。日本では柔かな陽射しにだまされて「恵みの神」だと思いこんでいるが、シバは日本より北の中国でさえ、地獄のエンマ大王にされるほどの、「死の神」として恐れられていた神なのだ。

それがインドへ入ったあとも、インドの主神として崇拝されたが、それはアーリア人の大移動以前のことで、ドラビダ（タミル）人など黒人の神であった。

シバとならぶ二大大神のビシュヌーは、初期の文献では余り重視されていないが、次第に信者がふえ、大叙事詩『マハー・バーラタ』の中には、壮大な神殿と神像とが記述されている。

ヒルコのナゾも解けた！

邪馬臺国もヒミコ以前のカリエン人の時代は、シバを中心にしていた「死の神の国」だった。だから帯方郡使からみれば「死者＝鬼」で「鬼道」だったのである。だがヒミコは天照大神だから「天御中主の神＝ビシュヌー」を「天地初発」の先祖と信じ、また彼女自身も八俣の大蛇とアダ名されたビシュヌーの化身だった。

そのビシュヌーは太陽の光を神格化した穏やかな太陽神であり、ギリシャのアポルローンに相当する神だった。その性格は、仏教が自教に取り入れて「マハ・ビルチャナ＝摩訶毘盧遮那・仏＝大日如来」にしたほどに円満、平和な神格のもちぬしだった。鹿児島神宮の主祭神「ヒルコのミコト」は、この「ビルチャナ」のインド方言である「ビルカナ」の、大隅なまり「ヒルコの」に一番よく合う。

そして後世、聖武天皇が伊勢の皇大神宮の許しをえ、宇佐八幡の技術指導によって、奈良に建造した東大寺の大仏もまた、この「ビルチャナ＝毘盧遮那・仏」だったのである。

ここまで分かると、ヒミコが仏に仕える「尼」だったということになる。世にいう「アマテラス・大神」とは、「尼寺之・ウガン（拝み手）」だという解釈もできる。しかし彼女には、それらしくない特色が記録されている。

それは『魏志倭人伝』に「彼女を見たことのある者は少なく、そのコトバは全て一人の男子が取り次ぐ」と書いてあるからである。尼なら善男善女に直接「お経」を読んで聞かせ、対面して説教するのが釋迦以来の鉄則なのだ。これは大きなナゾである。

アショカ王の祖母はギリシャ皇女

このナゾを解くにはどうしても、あのアショカ王の残した記録まで、さかのぼる必要がある。紀元前三二七年、アレクサンドロス大王がインド・パンジャブを攻略、ナンダ王朝を滅ぼして、タクシラ市に戦勝記念の天壇（スツーパ）を十二建設した。そのとき十五歳だったチャンドラグプタがアレクサンドロス大王にあいさつに行き、気にいられて前三二二年に即位して、新しいマカダ国、マウルヤ（孔雀）王朝の始祖になった。

歴山大王が若死にして起こった後継者（テオドコイ）戦争のあとに生まれたギリシャ人の国々、ペルシャ、バビロニア、エジプト、その他との国交も盛んだったことが、アショカ王塔や岸壁に彫られた詔勅（ギリシャ語のものもある）や、当時シリア以東を手にいれた新ペルシャ帝国の皇帝セレウコスの大使・メガステネスの残した手記などに詳しく記録されている。

そしてセレウコスはとくにマカダを重視して、王女をチャンドラグプタと結婚させた。義理の親子になったのである。これでマカダとギリシャとの関係がよくお分かりだと思う。

アショカ王はそのギリシャ系王国マカダの三代目の王として、前二七四年に即位、五年後に盛大な即位式を挙げた人物である。お分かりのように、彼はギリシャ帝国の中の小王だったというより、ギリシャ人に祖母をもつギリシャ文明の中で育った人物だったのである。

彼は母方の曽祖父セレウコスが前三〇五年にインドに再侵入して以後、大量に移住してきたギリシャ人に囲まれて暮らしていた。当然彼はインド文明はもちろん、ギリシャ文明もエジプト文明もよく知っていた。彼が、世界に広めようとした「アショカ仏教」は、単にシャケ族の王族であった釋迦の教義というよりは、もっとギリシャ色の濃いもので、エジプトやバビロンの宗教哲学も取りいれた一大総合宗教だったのである。

これが分かれば、さきの『魏志倭人伝』のナゾの記事の本当の意味も分かってくる。ヒミコはなぜ宮殿の奥深くにいて人に会わなかったのか？　なぜ、ただ一人の男子だけが、その言葉を伝えたのか？　その理由がはっきり分かる。

それはギリシャで太陽神アポルローンに仕えた「ピューティアと呼ばれる巫女（ミコ）」の特徴を全部備えているからである。

女王はどんな仕事をしていたのか

古代ギリシャの、デルプォィ神殿の背後にある洞窟や、イオニアのディディマの神殿の奥深くに、そのピューティアはいて、岩の裂け目などで湯を沸かし、その音から神の言葉を聞きとって、男性の神官（日本ではサニワという）にそれを伝える。神官はそれをまた解釈して信者に解説して伝える。

ヒミコの場合と全く同じだし、後世の天皇も、直接だれとも会わず、自分は御簾《みす》の中にいて、会いに来たもののコトバは、大中小の「納言《なごん》」という役人がそれを取り次ぎ、天皇のコトバもまた彼等が取り次ぐという特殊な制度になっていた。

これもまた、ヒミコの場合と全く同じで、それがギリシャ起源のものであることを証明している。

それ以外にヒミコがした仕事は『古事記』の「大気津比売神」をスサノオが殺したら、その頭に蚕、目に稲、耳に粟、鼻に小豆、陰に麦、尻に大豆が生じた、という話で、その神の名が沖縄語では「オオ＝ウ、キ＝チ、津＝の」で「ウチの姫神」すなわち天照大神＝老ヒミコのことだと分かるので、彼女が農産物と織物工業の管理者でもあったことが分かる。

農業はまた「季節」と「気候」に左右される。これは毎年一定しない。だからその年の豊作不作は、種まきの時期や肥料の配分などに左右されるから、微妙な配慮と指導が必要である。そのために天皇たちはどんなことをしたか？　それが中国の正史『隋書』にこう書いてある。

前にみた「倭王・多利思比孤」の続きだ。

「倭王は天を兄、日を弟だという。空がまだ暗いうちに役所に出て、あぐらをかいて座ってマツリゴトを聞き、日が出ると仕事を終える。なぜか？　それは後は弟に任せるのだという」

この報告を聞いた隋の皇帝は「なんという不合理なやつらだ。いかん、すぐ改めさせろ」と命じた、と書いてある。

これはヒミコも同じだったはずだ。

なぜなら「ヒミコ」＝「日見子」だからである。当時の天皇以前の指導者「ミコト」の名の中に「ホホ出見のミコト」という名があるのも、領地の名乗りのほかに、「日の観測と日の出を見る」といった意味が含まれていると理解できる。

そして本当に、そのミコトの御陵という「高屋山陵」からは、直線上に点々と神社が建てられていて、そこが季節で変化する日の出観測の天文台、すなわち「役所」だったことが分かる。これが先にお話した南日本新聞に連載した「古代測量遺跡のナゾ」の正体なのである。

鏡は古代のハイテク通信機器だった

しかし古代には、長距離を見通す望遠鏡も測量機もなかったはずなのに、いったいどうしてそんな直線を遠い距離まで引くことができたのだろう？　その道具が「鏡」だったのである。それさえあれば、光の反射で遠くから位置がよく見えるから、順番に人を立たせれば直線はすぐ描ける。

その動かし方、明滅のさせ方で信号もできる。しかしそんなことが実際に行なわれたのか？だとすればそれはドコからきた知識だったのだろう？

インドのパンジャブというのは「五河地方」という意味で、穀物の大産地である。ところが今はパキスタンに入ってしまったシンド地方や、最大の貿易港であったボンベイとの中間には、九州と四国がすっぽり入ってしまう広大な「大インド砂漠」が横たわっている。

しかし古代文明の花開いたインドの商人たちは困らなかった。彼等はパンジャブの穀物相場と海外の相場を、その光通信でやすやすと知らせあって、儲けていたのである。ちょうど今の相場師が、電波を使って世界の動きを知るように……。おかしなことに、それには雨の降らない砂漠は、いつも太陽の光が使えて、実に好都合だったのだ。

それは青銅器が生まれる前は金銀や宝石や貝殻が使われた。私たちは今、貴金属は装飾品だと思いこんでいるが、古代では実用品だったのである。それも情報伝達という現代ではハイテクに分類されている分野の「放送機器類」だったのだ。こうみてくると現代人のほうが、よほど頭がかたくて、ものを知らなくて、うぬぼればかり強いように見えてくる。

ヒミコが鏡を愛したわけ

卑弥呼がそれを活用した最大の証拠は、彼女が、朝鮮半島の支配者公孫氏が滅びたことを、間髪《かんぱつ》をいれずに知っていたことだ。なぜなら滅亡は二三九年（景初二年）八月のことで、極秘裏に進められた魏の戦略は、当事者の公孫氏が知らないくらいだから、ヒミコらに事前に分かるわけがない。さらに公孫氏は北鮮より西のリョウトウ（遼東）に都があったのだから、その距離は、帯方郡から隼人町までの二倍ほどある。ざっと計算して二万五千里だ。

この距離を船と陸とを混ぜて旅するとしてみると、伊都国から邪馬壹国までが千五百里で、水行十日、陸行一月だった。四十日である。二万五千を千五百で割ると十六・七で、これに四十日を掛けると六六八日。これはほぼ二年間かかる距離なのだ。しかし当時はまだ卑弥呼は九州北部にいたとみても、四十日みじかくなるだけである。

だからふつうなら一年七カ月。それを受け取ったその日に卑弥呼が使者を出発させたとしても向うへ着くのは三年後。帯方がずっとこちらにあったとしても、最小限二年はかかるのだ。それなのに卑弥呼の使者は、事件後、十カ月目には帯方郡へ大量のプレゼントを持っていき、魏の皇帝のところまで案内してくれと申しこんでいる。しかも事件が事件だけに、卑弥呼らは都を南九州に移すという緊急事態をこなしているのだ。だから使者も隼人町から出発した可能性が強いのである。

しかし、これも情報が光通信だったとすれば数日で届く。ただその場合、半島に情報員が配置されていなければならないが、それが実際にいたと分かるのが、このすごい速さの派遣なのだ。それは逆算すると、情報がとどくやいなや、出発したという計算になる。ヒミコの対応がどんなに速かったか……。そしてそれもまた、女王の重要な仕事だったのである。

これで彼女が、魏帝に鏡がほしいといった本当の理由が分かったと思う。彼女にしてみれば半島を魏に取られてしまっては、それまでのようにいかなくなったのである。だから新たな情報ネットワークを作り直さねばならない。その長距離化した光放送中継点の数にみあうだけの鏡をくれればお味方になりましょう、と百枚の鏡を要求した。魏はそれをのんで本当に百枚の鏡を送り出した。しかしそれが無事にヒミコの手にとどいたかどうか、それはもうページが残っていないから、次巻のお楽しみということにしよう。

ヒミコはシャーマンだったか？

鏡はこの光通信だけでなく、方角を知る「方位盤」としてもなくてはならないものだった。だから旅行には絶対に欠かせない道具だ。天照大神が、出発する皇孫に鏡を与えたのは、それをみて私を思いだしてね……という感情的な意味のほかに、こうした実用的な宝器だったことも見抜かねばならない。

ヒミコの場合は、それは領土を測量し、そこからあがる収穫を計算するという王としての重大な用途があった。それは小国の王たちも同じである。だから鏡を分け与えることは、取りもなおさず「王権」を認めることだった。

古墳や甕棺《かめかん》から出土する副葬品の鏡は、単なる死出の旅の道具としてではなく、王者の「権威の象徴」として、支配者たちの墓に入れられたのである。だから連邦の女王としては、王たちが死ぬたびに後継者に与える鏡が必要だった。卑弥呼は近い未来に備えて鏡を要求した。彼女がまだまだ死なないつもりでいたことはたしかだ。それが間もなく死ぬことになった。

彼女は未来を予知する能力をもっていなかったのだ。

だから彼女のピューティアとしての仕事は、儀式の一種で、天皇が超能力者でなくてもかまわないのと同じである。それをこれまでの学者は、彼女の「鬼道」はシャーマニズムだと決めてかかっていた。

しかし「シャーマニズム」というのは、これまで見てきた彼女の「鬼道」とは、まるで違っている。それは次のようなはっきりした特徴をもったものなのだ。

①　**エクスタシー**　これは人の見ている前で踊りくるったり、跳びあがったり太鼓を叩いて歌いわめいたりしているうちに、異常な雰囲気に相手を誘いこんで催眠状態にし、その状態につけこんで相手にしゃべらせ必要なことを知って、その答えを考えるという、催眠術応用の職業技術の一つである。

②　**トランス**　これは相手に術をかけるのではなく、自分が自己催眠にかかって夢幻の世界に入り、チャネラーの助けを借りて、答を見つけるものである。

たいていの場合、この二つは混乱していて、①に続いてこれに入るものが多い。

③　**ツキモノ**　アジアのシャーマンは、その時、奇妙な表情や行動や人間ばなれのした声を出して吠えたりする。そして動物や植物や岩などの霊がついたという。その異常な霊力が援助してくれるから、人間には不可能なことができるというのだ。しかしヨーロッパの学者は、このツキモノはシャーマニズムに入れない。

④　**託宣**　そのあとで、芝居がかった表情としぐさをしながら、答や教えなどを告げる。

必ず、この四つがセットになっている。

これはご覧のとおり、観客を必要とする。いわばショウの一種なのだ。卑弥呼のほうはまずその観客がいない。シャーマニズムの成立しようがないのだ。

次にその名前を見てみると、シベリアにいるヤクート人は白・黒の区別があるが、その白派の巫女を「アイー・ウダガナシ」と呼ぶ。これは明らかに「ユタガナシ」という沖縄語のナマリである。ユタは沖縄では禁止されてしまったが、今お話した四つのシステムを使い分けて、占いをしたり、治療をしたりするものであった（最近は禁が解かれてふえつつある）。これは本土では今もいる「拝み屋」の仲間である。

「カナシ」は女性のこと。前に別のコトバがくると「ガナシ」とニゴる。これではっきり分かるようにヤクートの人々は、沖縄の人々と深いつながりがあるが、それはヒミコの鬼道とは別の系統のものなのである。

ではそれはどんな宗教なのか？　沖縄語では「いのる行為＝祈禱」を「カムラミ」といい、朝鮮語では「カムナメ」といい、ヤクート語では「カムロニ」といい、日本の神道では「祝詞」の中に「カムロミ」というコトバが入っている。それは「神道」の中の一つだったのである。神道がシンドゥ教の一種であることは、最初にお話したとおりである。

だから「アショカ仏教」だった卑弥呼の鬼道ではない。それを単純にシャーマニズムと呼ぶのは、たいへんな間違いだったことが、よくお分かりいただけたと思う。彼女にとってはそのシャーマニズムは「敵」だった。しかし悲しいことに、彼女は負けて死んだのである。

ヒミコは金髪で青い目だったか？

彼女はなぜ戦ったのだろう。それは知れば知るほど、彼女にもどうすることもできない宿命だったことが分かる。彼女の弟スサノオのミコトは、余りひどく泣きわめくので国民は病気になって死ぬし、山も緑も枯れてしまう。

そこで両親のイザナキ、イザナミのミコトは「お前は遠い根の国へ行け」といって追い出す。根の国というのは地下の死人の国らしい。

そこで姉の天照大神にサヨナラを言おうと高天原に向かうと、天照大神は驚いて「彼のことだからこの国をのっ取ろうというのに違いない」と武装して待ちかまえていて、争いになり、結局大神は天の岩屋に「お隠れになる」のである。

これは『魏志倭人伝』に卑弥呼が狗奴国男王ともめごとを起こして、帯方郡に仲裁を頼んだりしたが、結局、彼女の死で終わったのと一致している。この男王が歴史上の誰で、それがなぜ戦うことになったかも、ごく細部まで分かっているが、それをていねいにお話するには、もう時間がない、それは次の本でお読みいただきたい。

だからここでは、それがなぜ「宿命」だったのかという問題にしぼって、この「ヒミコ・プロブレム」を完結しよう。

実は卑弥呼が人に会いたがらなかった理由が、もう一つ残っているのである。

それは彼女が、どうして女王に選ばれるような運命をもっていたか、を考えてみると分かる。その理由は次のように『記・紀』にはっきり書いてある。

イザナキ・イザナミのミコトは、彼女を「天」に送る理由を、こういっている。

「この子は、光華明彩、六合（国のこと）の内に、照り徹っている。子供はたくさんいるが、こんな霊異な子は見たことがない」

両親が、かつて見たことがないと驚いたのはなぜだろう。これは生まれたときの驚きなのだから、彼女が数学の天才だから……とか、超能力をもっている……というのでないことはたしかである。では生まれてすぐ気がつく特徴というのはなんだろう？

それは身体的特徴しかありえない。彼女は人がびっくりするような特異児だったのである。それなら当然「どこがどう特異だったか」説明するのが、この世のならいである。それがどこかに書いてあるはずである。

事実、書くべき位置にちゃんと「光華明彩」と書いてある。これは過去の学者らのように、

「なんとなく飾りたてた意味のないコトバ」だろうとぼんやり見過ごしてはいけないのだ。「光る花のように、明るく、彩られた、子供」これはどんな意味があるのか、よーく考えてみよう。これは着物が美しいというのではない。からだのどこかが「光る、花のように、明るく、彩られている」というのだ。それはどこだろう？

人の顔の中でいちばん目立つのは「目」である。それが「花のように明るく彩られている」といえば、それはフツウの黒い目ではない。花のような色をもった目……考えられるのは「青い目」である。しかしそれでも「一色」で、「彩られた＝いろどりのいい」顔とはいえない。ではもう一つの「明るい花のような色」はどこのことだろう？　唇はたしかに赤いが、これはだれでももっていて大騒ぎするようなものではない。とすればそれは髪の毛の色しかない。

それは日本列島ではふつう黒か、それに近い濃い茶色と相場が決まっている。だから「金髪」の子が生まれたら昔のことだ。びっくりした可能性が高い。それなら何よりも明るいし、花のような色でもある。白髪では明るいことは明るいが「彩り」という言葉に合わない。

こうみてくると、オオヒルメのムチは「金髪で青い目の女の子」だったということになる。それなら「六合の内に照り徹って」の国は伊是名島だから、どこにいても黒い髪の中に光っていて、すぐ分かる。その表現には少しのうそも誇張もない。そしてこれが卑弥呼の特徴だったとしたら、彼女は当時の人の心情として、人前へ出たくなかっただろうと理解できる。

そして彼女が、魏の帯方郡使を伊都国で止めて、対面できなくした理由もまた、これだったのである。「?」と疑問に思われるだろうが、それは「なぜ、彼女が金髪だったか?」という人種的な背景を調べてみると、ひとりでに答えが出てくる。

「会稽東治の東」は鹿児島県隼人町にあたる

卑弥呼が魏から受けた「親魏倭王」の金印は当時としては破格なもので、日本のような小国の、それも日本列島が統一国家になるはるか前の、今でいえば府県単位ていどの地方の王がもらうようなものではない。

このことは魏の政府が、当時、最強の敵国であった呉と倭国が手を結んで、魏を挟み撃ちにすることを恐れたからだ。というのが最も合理的な判断として、世界の知性のある学者らの一致した見方である。

そのときの呉の王は孫権《そんけん》。彼は東海にあるという仙人が住む島「夷州《いしゅう》と亶州《たんしゅう》」を探しに、彼のもつ強力な海軍を派遣している。そして、夷州らしいものは見つけて帰ってきたが、亶州は分からず終いであった。

孫権は二二九年にその海軍を使って、遼東の公孫氏に同盟をもちかける使者を送ったが、そのときは成立しなかった。しかし有名な諸葛孔明が魏軍を大破した二三一年のあと、二三二年には風むきが変わり公孫氏の使者が孫権を訪ねたから、権は大喜びして公孫氏を「呉の属国・燕《えん》王」に任命し、その時まだ魏の領土だった土地まで「与えて」いる。

ところが二三四年八月、孔明が病死して魏軍が勝つと、また風むきが変わった。孔明と戦って「負けて勝った」司馬仲達《しまちゆうたつ》が二三八年に公孫氏を滅ぼした。そして卑弥呼が驚くような速さで使者を魏に送ったのである。もうお分かりのように公孫氏は「呉の燕王」だったから滅ぼされたのである。

しかし呉とはなんのかかわりもなさそうな倭国使が、なぜ魏の政府をそんなに喜ばせたか？本当に魏は倭国を大国と錯覚して恐れていたのだろうか？　そんなことはない。魏は倭国がどのていどの国かよく知っていた。なぜ知っていたか。それは中国人が倭国へもどんどん商売にやってきて、自由に往来していたからである。

その証拠は遺跡から大量に見つかる青銅器である。それは中国から来たままのものも多いし、溶かして日本のタイプに変わったものもある。しかし銅がとれなかった日本では全部、中国から運んできた銅器に頼っていた。中国人からみれば当時の倭人は、いい得意先だったのである。今でいえば「死の商人」どもは、中古の兵器を集めては日本に運んできた。そして帰りには、日本の絹織物や真珠などとともに、「情報」ももってかえって「政府に売った」のである。

それなら、なぜ、ヒミコを破格に扱ったのか？　それは彼女が、沖縄の出身だと知っていたからである。『魏志倭人伝』は倭国は「会稽東治の東にある」と書いている。そこは上海の南、銭塘江《せんとうこう》の対岸である。その真東は隼人町。魏の政府は今の日本の学者よりも、はるかに正確に、なにもかも知っていたのだ。

呉の皇帝も青い目をしていた

私たちは、いま、邪馬臺国が、もと沖縄から出た人たちの政権であったことをはっきり知っている。とすれば、過去の九州北部説や大和説などが思いもしなかったことが、重要な大問題として浮かび上がってくるのである。それは沖縄の与那国島と呉とは、海をへだててはいるが、九州本土までの距離より、はるかに近いということである。そして台湾が古代には「小琉球」と呼ばれて、沖縄の統治下にあったことも事実である。そこからなら、呉の海岸へ百五、六十キロメートルしかない。

そしてその呉の大帝・孫権の一族は背が高く、色が白く、目と鼻が大きく、ときどき碧眼の子供が生まれた。青い目をしていたのである。それを「中国人には、たまにそんな人が生まれる」などといってすましていてはいけない。それには理由があり、歴史という学問ではそれがなによりも大切なのだから……。

私たちは、いつからか分からないが「呉」の字を「ゴ」と発音している。しかし中国では古来、南北とも「ウ」で、語頭の「g」は私たちの耳には聞こえない。その中国の北には有名な「万里の長城」があるが、それを中国人に作らせた北の強国の一つに「ウソン（烏孫）」というのがある。呉王も「呉・孫」は「ウ・ソン」なのだ。

これだけならタダ同じ発音だというだけだが、もっと重大なことがある。それは烏孫人が、やはり青い目、金髪の混じった地中海人だったことだ。彼等はギリシャ人たちと同じ仲間だったのである。

それはその名をみても分かる。「ウソン」と呼ばれた元の名は正確には分からないが、それはギリシャの古代の勇士イヤソンなどと同じ語尾をもっている。これを見ると孫権は元はその烏孫人であって、それを中国風に一字ずつ切って、国名と姓にしたと考えることができる。

それが「呉孫」と「烏孫」とが一致する理由だといっていい。

この孫権一族の風貌は、直接の敵である魏人にとっては、知らぬ者のない有名な話だったから、帯方郡使がヒミコに会ったとしたら、ハッと驚くことは間違いない。たとえ孫権と赤の他人で完全に無関係だとしても、いい印象を与えないことは間違いない。

そうして、もう一つ考えておいた方がいいことがある。それは日本語の「イツ」は中国語の

「ウー」だということである。それはもちろん「数詞五」の話である。倭人の国々がその数詞と深いかかわりがあることはご記憶にあると思う。とすれば伊都国とはこの「呉」となんらかの関係のある名だということになる。なぜそう言い切れるか。それは今お話したとおり、日本では呉を「ゴ」と発音する。「それはなぜか?」というこの疑問は、この「イツ」と「ウー」と「ゴ」の関係を認めると、簡単に解けるのである。これは証拠とはいえないだろうか。

「黄金の国の黄金の女王」ヒミコ

また呉は「ウ」だけでなく「ウー」とも発音される。それは南中国系の「呉さん」は皆そう呼ばれているし、「呉淞」と書いてウースンと読む地名が上海にある。

そして孫権の一族が「ウー」氏で、その一族もまた日本の南島へやってきていたと仮定すると「ウー」は「大」。その国は「大国」＝大島。奄美大島がそれで、そこの王が「大国主」だということにもなる。そしてヒミコ「下照姫」はその娘だと『記・紀』に書いてある。

これもまた結論はあとに譲るしかないが、卑弥呼が呉の孫権と同じく烏孫系のギリシャ人だった可能性は、さらに高くなったわけである。台湾がソナカ一族のコースに入ることも間違いない。そして彼等は東南アジアの各地にスヴァルナブーミーの地名を残した。インドネシアがその「金の国」に相応しい産金国だったことは、歴史に詳しく記録されているし、ミヤンマーからタイへかけて凄い金ピカの大仏像があることも、今では私たちが自分の目で確かめられる。

そうだとすると、沖縄はなぜ「チヌ＝角」の国だったかも分かる。「チ＝キ」「ヌ＝ン」。本当は「キン＝金」の国だった。沖縄も間違いなく「スヴァルナブーミー」だったのだ。

それなら金髪の彼女が「象徴」として最適任だったことは、だれにも分かる。彼女は黄金の国の、黄金の女王、「光華明彩」の天照大神に最もふさわしい少女だったのだ。

ヒミコはどこに祭られているのか

しかしアショカ仏教の後継者ヒミコは戦いに敗れて死んだ。そしてシンドゥ系の「神道」を広める邪馬壹（イチ）国に政権を奪われた。では彼女のアショカ仏教は完全に消滅して跡形も残らなくなってしまったのであろうか？

鹿児島では今も大隅などの各地に、「ヒメコさあ（様）」と呼ばれる宗教団体が残っている。それは農村のささやかな集まりに過ぎないが、祭るのは「観音さま」である。「ヒメコ＝観音」のかたちで、千七百年を超えた今も、ヒミコは人々を教化し続けていたのである。

もちろん彼女は、天照大神という別の顔で、天皇家の大神として伊勢に壮大な神殿をもち、永く日本人の崇拝を受けてきた。また「ヒメコソ」という別の顔で先に挙げた難波や豊国以外にも『肥前国風土記』に「姫社郷」が祭られた縁起があって、山途川と筑後川の合流点にその社があったといい、唐津市の港の小島にも比売許曽神社がある。

そして宮中の儀式規定であった『延喜式』の、巻二神祇二の「四時祭」と、巻三の神祇三の「臨時祭」とに「下照姫社」「比売許曽神社」と書きわけて、どちらにも別名を付記してある。これは私が最初にお話した大阪の神社である。四時祭では相嘗祭七十一社の一つにはいり、「臨時祭」では名神二百八十五社の中にはいっている。

ヒミコのファッションは貫頭衣だったか

しかしもっと面白いものがある。それはソナカ＝仲哀天皇の皇后としての大中姫の像があることである。これはだれが考えても、三世紀にヒミコをモデルにして作ったものとは考えられない。だがばかにすることはできない。その像はエジプトの死の神オシリスの妻「イシス」の像とそっくり同じスタイルをしているのである。これはだれが、いつ作ったのだろう？

スタイルといえば、読者はヒミコがどんなスタイルをしていたか？　と興味がおありと思う。『魏志倭人伝』には倭人は「頭を貫いて衣る」式の衣服を着ていたと書いてある。だから過去

ヒミコ像とイシス像。９世紀に作られた女神像。右のアンティノポリス出土のイシス像と多くの細部で一致。これより古い空海作の像（京都東寺蔵）もほとんど同じ。ヒミコらについての伝承が、正確にギリシャ系文化を伝えていることが分かる。（京都松尾大社蔵）

貫頭衣キトン（古代ギリシャ・ファッション）
左＝嘆きのアテネ（アテネ国立博物館蔵）右＝デルフォイの御者像（デルプォイ博物館蔵）女性用は円筒状の布を肩でとめただけ。
日本の「腰揚げ」と同じことをする。男性用は腕と頭の出るところを残してワキと肩を縫ってある。カリエン人の貫頭衣と全く同じ。

の学者はそれをそのまま「貫頭衣」という名で呼んできた。

この古代のままの衣服を、今もがんこに守り続けている「文化財保護派」の大先輩がいる。先にお話したカリエン人である。彼らは私たちの先祖の一グループだから、『魏志倭人伝』の貫頭衣は間違いなく、それと同じもので、他のスタイル説は根拠がない。

だがヒミコはカリエン人ではないから、別の服装をしていたとみると、その血統である古代ギリシャ婦人もやはり「貫頭衣＝キトン」を着ていた。それにも地方的特色があって、どこも縫わない一枚の布を、体に巻きつけて両肩だけ止める式の、ドーリア・タイプのペプロスや、両脇を縫ってあるがたっぷり布を使って、肩布も広く出して腕の数カ所で留めて、そでのように見せるイオニア・アテネ式チュニックなどが基本型だが、どれも「頭を貫いて衣る」式の衣服であることには変わりはない。

男子は活動的なヘルメス神の像が着ているような短いエクソミスを着た。そして江戸時代の「旅合羽」のような布を羽織った。中国北京歴史博物館にある『職貢図巻』にある「倭国使」の絵は、この「旅合羽＝クラミード」が六世紀になっても使われていたことを記録している。

これでヒミコを訪ねる古代ツアーは終った。次の旅にもぜひご参加いただくよう祈っている。

〈真説〉日本誕生 I
卑弥呼は金髪で青い目の女王だった！

著　者　加治木義博
発行者　真船美保子
発行所　KKロングセラーズ
〒169-0075　東京都新宿区高田馬場2-1-2
電　話　03-3204-5161(代)

印刷　(株)暁印刷
製本　(株)難波製本
ISBN978-4-8454-2382-8
Printed in Japan 2016